グローバル定義にもとづくスクールソーシャルワーク入門

スクールソーシャルワーカーをめざす
高校生・大学生のみなさんへ

佐野　治

もくじ

はじめに

★本書は、将来スクールソーシャルワーカーを志している高校生、大学生の学生さんに向けて書かれています。

★日本では「学校に通えない児童・生徒（小中高）」が18万人、一方、世界では貧困によって「学校に通えない子ども（5~17歳）」は、3億300万人います（ユニセフ：2018年）。

★「教育を受ける機会」また「子どもの貧困（生存権）」という人権問題に関しては共通しています。

★スクールソーシャルワーカーは、先進国と開発途上国、この両国の子どもたちに、学校を拠点に、「社会変革と社会開発、社会的結束、およびエンパワメントと解放を促進」していきます。（国際ソーシャルワーカー連盟（IFSW）・国際ソーシャルワーク学校連盟（IASSW）「ソーシャルワーク専門職のグローバル定義」：2014年）

★「開発途上国の意見や実情を尊重」してソーシャルワーク専門職のグローバル定義は2014年に公表されました。

★その前の2000年にIFSWで採択されたソーシャルワークの定義に書かれてあった「人と環境

の接点への介入」（エコロジカル・アプローチ）を「定義本文からは消滅」させ、「ミクロな個人の問題解決」から「マクロな社会変革・社会開発」を強調しています（社専協：２０１６年）。

★ソーシャルワークのグローバル定義は、「西洋の歴史的な科学的植民地主義と覇権」の是正を呼びかけています。

★開発途上国の貧困問題は、遅々としてその解決は進みません。また、社会的抑圧下にさらされ続け、５・６秒に一人の幼い命が消えている（ユニセフ）現実を平気で無視できる「不正義」さが、わが国では、まかり通っています。

★本来普遍的であるべき「人権」が、自分の国の人にだけ確保されればよしとする意識の「低さ」に、私たちソーシャルワーカーは、「挑戦」しなくてはなりません。

★「ソーシャルワーク専門職のグローバル定義」は、先進国、開発途上国、すべての国、世界において、社会正義が実現し、人権が保障されるために、ソーシャルワーカーのあるべき姿を定めたのです。

★このグローバル定義を「日本ソーシャルワーカー協会、日本社会福祉士会、日本医療社会福祉協会、日本精神保健福祉士協会」（「社会福祉専門職団体協議会（社専協）」）も受け入れました。

★にもかかわらず、何も変わっていないのです。なかには、この定義が公表されて、「国際福祉分野」をどの程度社会福祉士養成のカリキュラムに取り入れているかなどのアンケートをとるなど、トンチンカンなことをしている団体もありました。
★これは、国内的、国際的なある特定分野・領域の話ではなく、「社会正義と人権」というすべてのソーシャルワークに共通で、根源的、そしてその存在理由を規定する定義なのです。「それらがなければ、ソーシャルワークではない」とまでも言えるものなのです。
★私が、高校生・大学生の生徒さん、学生さんに向けて書こうと思った動機もここにあります。ソーシャルワークのグローバル定義は、先進国の自国にだけ通用する「社会正義と人権」のお話ではありません。
★これからスクールソーシャルワークを勉強しようとする生徒・学生の皆さんは、この定義にもとづくソーシャルワーカーの「あるべき姿」から学習をスタートさせてもらいたいと思っています。
★従来の手垢にまみれ先進国だけに通用するソーシャルワークではなく、全世界に通用する（これこそが「スタンダード」であるべきものですが）、つまりグローバル定義にもとづくソーシャルワーカーの「あるべき姿」から出発してほしいと思っています。
★日本におけるスクールソーシャルワークは、S県での取り組みが最初と言われています。なかでもY氏が、1983年にアメリカに渡り、スクールソーシャルワークを学び、帰国後の1986年より不登校の子どもたちを支援したということが先駆けらしいのです（1984年、アフリカのエチオピアで大飢饉が起きて100万人の犠牲者を出していたその頃です）。

★スクールソーシャルワーカーを志す生徒・学生のみなさんは、強い正義感、多様性尊重への柔軟性を持っているのではないかと思っています。

★将来スクールソーシャルワーカーを志すにあたって、生徒・学生のみなさんには、日本の子どもたちだけのことを考え、社会正義に鈍感で、人権の普遍性を否定するようなことがないようにしてもらいたいと思います。

★1日に1万人以上の子どもの命が消えている現状を見据えながら、先進国と開発途上国への一体的な実践ができるスクールソーシャルワーカーになってもらいたいと考え、ペンを取っています。

★一方、先進国、開発途上国、両者において、LGBTや発達障害を抱えながら、「それとはわからず」生きづらさ、合わせづらさ、違和感に悩み、疲れている人がいます。また、まわりに受け入れられていない状況にSOSも出せずに、必死に差別・排除されないように、ものすごく気を遣って、ひっそりと隣の席に座っている子がいるのです。

★LGBT、発達障害など、自らが理解し、周りに理解され、認められることが重要です。それは多様性が尊重されるということです。「多様性が大切にされる」ことです。

★多様性が尊重されると、誰もが学校や社会で、自分の気持ちや行動を隠し、あるいは押し殺す必要はありません。

★多様性が尊重され、大切にされる社会では、すべての人が、誰一人差別・排除されることなく、その社会に包み込まれます。それを社会的包摂と言います。
★ソーシャルワークのグローバル定義の公表に先立つ15年も前の１９８９年11月20日に第44回国連総会で「児童の権利に関する条約」（児童の権利条約）が採択されています。
★同条約の前文には、「特に開発途上国における児童の生活条件を改善するために国際協力が重要であることを認めて」定められたと述べられています（わが国は１９９４年5月22日に発効）（傍線は著者）。
★日本におけるスクールソーシャルワークの研究や教科書では、「児童の権利条約」を根拠に日本の子どもの「権利」を主張していますが、このような開発途上国への国際協力についての引用は少なく、関心が薄いことが残念です。
★また、同条約において、第29条で「児童の教育」が指向すべきことが示されています。
締約国は、以下のことに同意して批准しています。

人権及び基本的自由並びに国際連合憲章にうたう原則の尊重を育成すること。

つまり、どの国においても「児童の教育」は、「人権意識の向上や社会正義感の育成」を目指しているということです。これが児童教育の最上の目的なのです。
★また子どもが「権利の主体」として認められ、子どもが「自由に自己の意見を表明する権利」の確保が保障されました。大人は子どもの気持ちや意見を十分に聞き尊重することが求められています。

※最近、保育所や学童保育に預けられている子どもの声を聞く機会がありました。本音はどの児童も「早く家に帰りたい」、『家に帰ったときには、誰かが必ず家にいて「お帰り!」と言ってほしい」、「夏休みにはいきたくない」と表明しています。その声が尊重されることを望みます。

★「児童の権利条約」が前記のような内容を持っていながら、わが国のスクールソーシャルワークの領域(研究、教育、教科書、論文)では、開発途上国の子どものこと、子どもが自由に意見を表明する権利、「お帰り!と言ってほしい」、これらがほとんど無視され素通りされています。

★スクールソーシャルワークの研究者・実践者の人権感覚の希薄さは危惧されるところです。人権が限定的なもので、普遍的なものでないかのような感覚は「社会正義感の低さ」を示します。

★限定的な人権感覚や社会正義の低さは、スクールソーシャルワーク実践に対しての「社会的・構造的障壁そのもの」となりえるものかもしれません。

★スクールソーシャルワーク、またスクールソーシャルワーカーのめざすところは、他の実証諸科学とは異なり、自らが所属する学校を拠点に、その学校を通して、先進国や開発途上国、その両国の子どもたちの「人権及び基本的自由の尊重」(児童の権利条約)の育成、また「社会正義と人権」(ソーシャルワークのグローバル定義)の育成なのです。

★開発途上国も含めた「社会正義と人権」およびその実現のための学校を拠点とする実践において、問題意識や批判を持てないようであれば、自国主義的(日本ファースト)でお粗末なスクールソーシャルワーカーとなってしまうでしょう。

問題意識

社会正義が「育成」されていない

★私は、三十数年来、大学で教えるかたわら、地域の高齢者や障害者、保育園や幼稚園の幼児、小中学校の児童・生徒やその保護者、先生の相談に応じてきました。

★そのような福祉の相談に長年にわたりかかわるなかで、私がスクールソーシャルワーカーについて書こうと思ったきっかけがいくつかあります。

★私が十数年前に担当した生徒と偶然市役所で出会いました。彼女は中学校時代の不登校を克服して公務員になって7年ぐらいが経っていました。まだ独身だと聞いたので、何気なく軽い気持ちで「今度時間のあるときでいいから、ぼくがやっているアフリカの障害児への支援活動を少し手伝ってよ」というと「先生、それどころじゃありませんよ。今は自分の生活だけでせいいっぱいで、人のことまで構っている余裕はありません。ごめんなさい」というような返事だったように記憶しています。そのときに、私はかなりショックを受けたことを覚えています。そのショックとは、何年にもわたってかかわってきた生徒だったので「正義感のようなものがまったく育っていない」、「それを育成してこなかった」というような感覚だったような気がします。
★ソーシャルワーカーにとって中核となる「社会正義と人権」の支持と擁護への感覚、児童の権利条約で述べられている「児童の教育で指向すべき」、「人権及び基本的自由の尊重」の「育成」が何らできていないように感じていたのでした。
★著者の直観ではありますが、「社会正義」が育成されること、子どもの思いや気持ちがそこに照準が合わさるとき、子どものエンパワメントと解放が促進します。この「社会正義の増進や育成」こそが、スクールソーシャルワーカーの仕事の「究極のゴール」ではないかと、著者は思っています。

修学旅行に行ける

★学校に通えていない不登校の子と接していると時々驚くことがあります。それは、長期欠席して学校に行く気配さえ感じない子が、2泊3日の修学旅行には普通に行けてしまうことがあります（同じように小学校を欠席したまま卒業して中学に入学する場合も同じです）。
★修学旅行へ行くにあたり、班活動にも参加できていないにもかかわらずです。修学旅行は単なる私的な娯楽と違い、先生が引率する学校教育の一環です。その生徒は、教育活動にしっかり参加できるということなのです。
★著者はこのことから、不登校となっている子どもたちの周りには個人の力だけではどうにもならない非常に多くの個人を抑圧している壁（バリア）、本人でさえ、また周りの子や保護者、先生にさえも知られていない壁（社会的・構造的障壁：しゃかいてき・こうぞうてきしょうへき）が存在しているのだという確信を得ました。

★修学旅行の時だけは、その「抑圧」や「社会的・構造的障壁」が弱まっているのではないかと考えています。このことにおいて重要なのは、その障壁は個人的なものではなく、社会的・構造的なものなのです。

★ややもすると、一見個人的都合やわがまま、自己中心的なものと思われがちなものも、実は、その背後に社会的・構造的なものが潜在しているのではないかということです。

★次章以降に示していますが、個人的な障壁の奥にあり、潜在している社会的・構造的障壁を浮かび上がらせるちょっとした方法を提唱しています。

★どのようなことが改善されれば学校に通えるようになるのか、本人の都合のよいことでも、一見わがままなことだと思われるようなことでもまず聞いて、そこに潜む社会的・構造的障壁を把握し、そのバリアを取り除くことが大切です。

★社会的・構造的障壁には、社会資源の活用や開発、ソーシャルアクションで対応し、また、継続的に抑圧され続けてきた心身については、ダメージを回復する方法を試論しています。

以上の問題意識を持って、次章以降で解説していきます。

第1章　スクールソーシャルワーク実践の基本的な考え方

ソーシャルワーク専門職のグローバル定義（2014年）

★スクールソーシャルワークを実践する人をスクールソーシャルワーカーと言います。スクールソーシャルワーカーとは、私たちが通った小学校、中学校、高校などの「学校」でソーシャルワークを実践する人のことです。

★そもそも「ソーシャルワーク」とは何でしょうか？　ソーシャルワークとは何かについては、開発途上国のソーシャルワーカーの意見も取り入れられ、2014年に「ソーシャルワーク専門職のグローバル定義」として公表されています。

★世界共通で、全世界のすべてのソーシャルワーカーの「あるべき姿」を公式、公認で示されたものです。言い換えれば、ソーシャルワーカーといわれる「要素」や「条件」が定められています。

★この条件を満たすことでもって、「ソーシャルワーカー」であるといわれます。日本の主要な社会福祉関係団体もすべてこの定義（要素や条件）を受け入れました。大変難しいものではありますが、まずは読んでみて下さい。この定義に続いて、比較的長めの解説も付けられていて、さらに詳しく注釈が加えられて、これもいっしょに読むことをすすめています。

ソーシャルワーク専門職のグローバル定義（ＩＦＳＷ・ＩＡＳＳＷ：２０１４年）

ソーシャルワークは、社会変革と社会開発、社会的結束、および人々のエンパワメントと解放を促進する、実践に基づいた専門職であり学問である。社会正義、人権、集団的責任、および多様性尊重の諸原理は、ソーシャルワークの中核をなす。ソーシャルワークの理論、社会科学、人文学および地域・民族固有の知を基盤として、ソーシャルワークは、生活課題に取り組みウェルビーイングを高めるよう、人々やさまざまな構造に働きかける。

この定義は、各国および世界の各地域で展開してもよい。

★「ソーシャルワーカー」とは、社会正義を支持し、人権を守ろうとする気持ちによって「動かされる人」であるということです。ここに着目してみましょう。

★社会正義を例をあげて考えてみましょう。日本を含む世界人口の２割の先進国の人々は、世界の食糧の８割を独占し、残りの８割の開発途上国の人々で２割の食糧を分け合っています。

★私たち日本人やその他の先進国の人々が法を破るなどの悪いことをしているわけではありません

が、しかし、「何かおかしい」と思う気持ちがわいてきませんか？ なかには、日本人や豊かな人々がいっしょうけんめいまじめに働いた結果だからおかしくはないと思う人もいるかもしれません。それはそうなのですが、それでいいのか？ という疑問とともに、この社会的な不公平・不公正を正していこうとする思いが社会正義というものです。

★スクールソーシャルワーカーがかかわる「学校に行けない子ども」は、およそ日本では18万人、世界には3億3００万人います。先進国の子どもの不登校にだけに関心があり、開発途上国の子どもには無関心であるというのは、おかしな正義感です。

★つまりそれは「教育を受ける権利」という開発途上国の子どもの人権を守ろうとする気持ちがあまりに低すぎます。普遍性を持つといわれる人権についての理解がないどころか、人権そのものの理解が欠如し、人権を無視しているといわざるをえないでしょう。

★さらに「生存権」についていうと、日本では憲法第25条で定められています。「健康で文化的な最低限度の生活を営む権利」です。この生存権などの「人権」は、普遍的（ふへんてき）です。普遍的とは、世界中どこにおいても生まれながらにして当然保障されているものです。

★ところが、世界では子どもだけで、5秒に1人、1日1万4千人以上が5歳の誕生日を迎えられずに死んでいます（国境なき医師団）。私たちは、アフリカなどの遠い国で、人権が省みられない状態でも、平気で放置し、見過ごすことができてしまいます。

★もちろん、何ら罪にも問われません。人権が普遍的と口では言っても、遠い国の話に及ぶと普遍的に考えられず、何ら心を痛める思いも湧いてこない状態になっています。つまり普遍性があるとは思っていない可能性があるのです。

★ソーシャルワーカーは、日本社会だけでなく、国際社会の一員として、社会正義を持ち、普遍性を有する人権を守る気持ちに動かされて行動する専門職です。それらを持っているのがソーシャルワーカーの条件でした。

★スクールソーシャルワーカーは、学校という場所において、世界に通用する社会正義を持ち、普遍性を持つ人権を守る行動を取っていく人なのです。

★スクールソーシャルワーカーは社会正義を持ち人権を守りつつ、日本社会や国際社会に対して、「社会変革、社会開発、社会的結束、人々に対してエンパワメントと解放」を進める人です。

★スクールソーシャルワーカーは、目の前の自らが担当する学校の児童・生徒が所属する地域社会はもちろんのこと、国際社会に対しても様々な方法を用いて、「社会変革・社会開発・社会的結束を促進」することが求められています。

★また一方で、「目の前の児童・生徒」と「開発途上国の教育を受けられない子どもたち」への「エンパワメントや解放」を担う専門職でもあります。

★日本の子どもたちだけへのエンパワメントと解放だけでよいとするなら、その「社会正義と人権」

は世界に通用するものではなくなります。普遍性がなく、むしろ自国だけよければいいという自国主義で自己中心的なものです。

★仮に誤った社会正義と人権を持つスクールソーシャルワーカーが存在するとすれば、まさしく、それこそが社会的・構造的障壁として児童・生徒たちの未来に立ちはだかるものとなることでしょう。それらの障壁は除去されるべきです。

★本書では「ミクロ（小さな視野）・メゾ（中規模の視野）・マクロ（大きな視野）」という用語は使用しません。日本の子どもたちだけのことを考え、世界の現状に目を向けないのであれば、あまりにもそれは「ミクロ」であり、「ミクロの中のメゾ・マクロ」であり、「お山の大将」なのです。

★私が高校生や大学生にこうしてお話しようと考えたのは、社会正義感の強い生徒さんや学生さんの声をよく耳にするからです。「貧困で苦しむアフリカの子どもたちのために」、そして「日本の子どもたちのためにも」、「何かしないではいられない、何かしたい」と。

★みなさんは、国際社会や日本社会の現状をみて、強い正義感を口に出して表しています。この思いを大学教育などで弱らせることなく、持ち続けてもらいたいと考えています。この思いこそが、スクールソーシャルワークへと駆り立てる原動力そのものだからです。

★強い正義感は、いずれ強い人権擁護へと成長していくことでしょう。今までわが国で活動しているスクールソーシャルワーカーがどれほど、強い人権意識と社会正義を持ち、先進国や開発途上国の子どもたちの前に立ちはだかる「社会的・構造的障壁」の除去へとどれほどアクションを起こし、取り組んできたのかはわかりません。
★今後、スクールソーシャルワーカーを志すみなさんは、先進国と開発途上国、その両者の交互作用に関心を寄せ、真にマクロの視点を持ち、両者をつなぎ、両者を発展させてくれることでしょう。
★また先進国であるがゆえの「集団的責任」を感じ、戦略を持って行動する動機を持っていると、私は信じています。

第2章　スクールソーシャルワーカーに求められるもの

★最初にスクールソーシャルワーカーに求められるいくつかの考え方を紹介します。この考え方を知っているか知らないでいるかではかかわり方が180度変わることもあります。発達障害（ASD、ADHD）を抱え、不登校になっている小学校4年生の男の子A君の事例をもとに考えてみましょう。

「ともに働く」

★小4の男子児童、その家族、学校の先生方への援助や支援をすることを「ともに働く」（共働）という言葉で表します。「グローバル定義」では、「ソーシャルワークは、できる限り、〈人々のために〉ではなく、〈人々とともに〉働くという考え方をとる」とはっきり述べられています。

★つまり、スクールソーシャルワーカーは、この男子児童やその家族、先生方「のために」、ではなく、そのような人々と「ともに働く」という言い方をします。

★なぜならソーシャルワーカーは、ウェルビーイング（身体的、精神的、社会的存在である人間の

「その人らしさ」）を高める取り組みをする人なのですが、「誰かのため」という言葉は、自らはすでにそうなっていて、そうなっていない人をそのようにするという意味合いが感じられます。

★私たちは誰でもいつでも「自分らしさ（自己実現）」に向けて成長し続けているわけですので、「誰かのため」というより、ウェルビーイングを「誰かとともに」高め合っている途上にある「私たち」と考えます。それは、「できないあなたのために助けてやっている」という上から目線や「自分のことをさておき、人にそこまでする理由を隠した」偽善ではなく、力を合わせて（共働）、「ともに」生活課題に取り組んでいる途上にある者同士なのです。

障害や症状を人柄と分離する

★まず、Ａ君の「発達障害」ですが、「ＡＤＨＤ」（注意欠如多動症）といって注意力が分散するため先生の話すことをしっかり聞けなかったり、多動性や衝動性ゆえに落ち着きがなく授業中に席を離れて立ち上がったり、時には教室から出て行ったりしてしまう症状が出ることがあります。

★待ちに待った休み時間になって、外に遊びに行こう思って教室を出ようとしたところ、友だちがＡ君の前をふさいだ。Ａ君はとっさに目の前の女の子を突き飛ばしてけがをさせてしまいました。

★軽いけがでしたが、先生からは注意されたり怒られたり、友だちからは嫌われたりしてしまいました。

★これらの不注意さや落ち着きのなさなどは、確かにA君が生まれながらに抱えてきたもので、それらはA君の内側にあり、内部で生じています。

★A君は、内側のその内部からやってくる落ち着かない何かに突き動かされています。常にこの何か落ち着かない不快な気持ちにさせられています。

★友だちを突き飛ばしたのは確かにA君ですが、自分でもうまく止められない持続的な落ち着きのなさの何かに翻弄されています。最大の被害者は実はA君なのです。その原因を除去できず、A君でさえコントロールが困難な内部にある何かによってです。友だちを突き飛ばしたことは、本当にA君なのか考えてみる必要がありそうです。誰も友だちに嫌われるようなことを好き好んでしたいと思う子はいません。友だちを突き飛ばした原因は、A君の内部にあるA君の人格や性格、人柄以外の「何か」です。

★それをA君の人格や性格、人柄と「混在」させ、不注意や落ち着きがなく、人を突き飛ばしてしまうような人などと、決めつけてしまうことは、A君にとって大変つらいことです。

★なかには本人でさえ、「自分は悪いダメな人だ」と思っている、あるいは思わされている場合もあります。このような障害や症状を人柄とごっちゃにして、あたかもその症状が本人自身であるかのように注意、叱責することは、人格否定につながります。

★同様に、このような症状を人柄と混在化し、人柄に帰因・帰属させていくことは、その不注意・衝動性・突き飛ばし行為の責任をA君個人に「背負わせていく」ことになります。
★家族でさえも責任をA君に背負わせていることも希ではありません。そもそもA君が自分で背負いこんでいる場合もあります。仮にA君が背負えない場合、あるいは背負う能力がない場合は家族が背負っていきます（背負わされていくことになります）。
★これは個人が背負うのではなく、ソーシャルワークや社会福祉分野では「社会が背負う」ことになります。古くから社会福祉の「社会」には、あらゆる福祉課題の発生の原因は「社会」にあり、その援助や支援、改善の責任は「社会」にあるとの意味を込めています。
★社会福祉の反対の意味である「個人福祉」とはまったく違う考え方をします。症状や障害を個人に内在化・混在化させ、個人に帰因・帰属させていくことは、人柄との混在を生じさせ、症状や障害を発生させている根源はその人、だから最終的にその人の責任（自己責任）で、解決していくべきものと、責任を個人に背負わせています。
★だからこそ、症状や障害を人格からしっかり分離する必要があります。症状や障害をその人の人柄と区別し、その症状や障害に対して解決策を探すために「ともに働く」人がスクールソーシャルワーカーなのです。
★このA君の場合、突き飛ばす行為・症状を改善するために、家族、先生、友人、そして「A君自身」が「ともに」結束し、みんながスクールソーシャルワーカーに「協力」しながら課題を改善していくという姿勢になります。
★スクールソーシャルワーカーに対して、症状や障害の改善に向けて主体的に協力してもらうのは、家族やA君の方です。「社会の責任」というものが具体的な形になったものが（有給の）専門職（税金が投入される）スクールソーシャルワーカーなのです。
★「A君の症状改善のために私たち専門職も協力させてもらいます」というのはまったく上から目線です。社会の責任の原則のもと、スクールソーシャルワーカーとA君たちが、A君たちの主体的協力の下、A君の症状や障害による行動の改善のために「ともに働く」ことになります。
★そしてA君の症状や障害を改善する方法こそ、後に述べるように、個人のなかに潜在し、A君でさえも自己責任として背負い、A君も、そしてA君の家族も背負わされてしまう「社会的・構造的障壁」というものを除去することが、スクールソーシャルワーカーの任務です。
★まず個人的障壁のなかから社会的・構造的障壁を浮かび上がらせ把握理解し、除去すること、次に個人に負わされて疲弊・抑圧された心身をそのダメージから回復へと導くことが大切です。
★A君の話に戻りますが、私の経験から言うと、友だちを突き飛ばしたことを保護者や先生に叱られたA君は、「本当に悪いことをした」とは思っていない場合もあります。なぜなら自分が「主体的」にやったような自覚が薄いからです。誰かにやらされているとまでは言わないまでも、イライラしていて、知らないうちにやってしまったと思っている場合も希ではありません。

★乱暴で友だちに謝らないＡ君はまわりからは避けられ、親しくしてくれなくなる子も出てきます。その不満やストレスがさらに落ち着きの無さに拍車をかけるといった悪循環を生み出します。

★ＡＤＨＤのように生まれつき抱える不注意や多動性などは、子育てする父母にとっても「手がかかる」、「育てにくい」、「下の子を育ててみて、はじめて上の子は大変だったんだ」などと、苦労しています。

★その心身にかかる負担ゆえに育児不安や疲労を増大させ、次第に「子育てが苦痛に」、「子どもをかわいいと思えない」、「イライラすると子どもに当たり、時折手が出る」となり、発達に課題を抱えると同時に愛着にも課題を抱えるようになってしまいます。

★もともと子どもに対して無関心、放棄、虐待などを行っていたわけではなく、この悪循環、「子の育てにくさ」→「手がかかる」→「注意、叱責」→「子の二次被害の形成」→「親の不安や疲労」→「無関心」→「育児放棄や虐待」、そしてＡＤＨＤの特性である不注意や多動性、衝動性をさらに増幅させ、ますます育てにくくなっていくこともあるのです。

★子どもに「愛着障害」があるといわれる場合、さぞかし親は子を大切に育ててこなかったのではと思われがちですが、そうではありません。この悪循環のなかで「疲れ切ってしまい、子育てへの意欲が出なくなった」とも言えるのです。

★以上のことから、ＡＤＨＤのような不注意や衝動性などをＡ君自身、またその大変さゆえに失った子育てに対する意欲の喪失を、本人や家族に帰因・帰属させないようにすることが重要です。

★ここでいうA君またはその父親母親の「人柄、人格、性格、主体性」などを「発達障害、二次障害、子育て意欲の喪失などの障害、症状」とはしっかり分ける、区別すると言うことが大切です。

★A君は、友だちを突き飛ばすような人、また両親は子どもをかわいがれない人などと思われることはもっともつらいことだと思います。学校に行けない不登校の子どもに対して「ずるして休んでいる」と言うことと同じです。またずる休みをたくらむ人（人柄）と思われることは不本意であり、本当につらいことなのです。

個人モデルから社会モデルへ

★A君の例に見られるような障害や症状をA君やその家族に内在化させ、人柄と混在化させたうえで帰因・帰属させてしまうと「本人や家族が自分たちの責任で何とかするもの」、「背負っていくもの」ということになってしまいます。

★症状や障害は、本人が抱えているものですが、その改善責任を人柄に帰因・帰属させてしまうことは本人にとってもっともつらいことになっていきます。

★加えて、本人の人柄に帰因・帰属させ、個人に背負わせた障害や症状は、社会的なものと出会ってさらに「悪化」することがあります。そこから出てきた症状が二次被害です。

★例えば、A君の例で言うと、A君の人格に衝動性を帰属・帰因させ、さらにひとクラス35人という大人数のなかで、衝動性があおられ、騒がしさに苦手なA君の特性も加わってさらに落ち着いていられなくなるというものです。
★この場合、「ひとクラス35人」という制度的に決められている大きさが、A君にとって大人数すぎて、つらいものとして立ち現れてきます。ひとクラス35人という数は、大多数の児童や生徒のために設定されたものです。この決まりは、A君のような大人数を苦手とする子どもを知らないうちに排除しています。社会で決められたものによって、A君のような子が落ち着いていられなくなり、教室から出て行ってしまうことを「社会的排除」と言います。
★もう少し違う例で見てみましょう。私たちが普段何気なく利用している自動販売機のお金を入れる位置を思い出してみて下さい。通常の自販機のその高さは、ちょうどよく、お金を入れやすくなっています。
★ところが、車椅子を使っている方だと高すぎてお金は入れられません。夏の暑いときに、車椅子で散歩をしていたある人が、水筒の水が切れ、熱中症にならないようにと自販機で水を買おうしました。そうしたら、お金を入れられず、水を飲むことができずに大変困った、命の危機を感じたという話を聞きました。
★自動販売機のお金を入れる位置は、通常、大多数の日本人の身長に合わせてちょうどよい高さに設定されています。逆を言えば、車椅子を利用する「少数の人」のことを何も考慮していないと言えます。

★考慮しておらず、結果的に水が買えないとなれば、その自販機を設置した人は、車椅子の人を無視し、排除していることになります。実は自販機の製作者や設置者だけの問題ではなく、大多数の人のために作られた自販機であるからこそ、少数の人を無視し排除しているのです。

★この無視や排除に対して、「大多数の人は気づかない」ということの方が大問題です。大多数の人は、少数の人が、その排除によって、生活に困難が生じていることにも気づきませんし、無頓着です。

★この例で言えば、排除された結果、まさか水が買えなくて命が危険にさらされているとは思いもしません。

★さらに法律は、お金の入口が高い位置にある自販機の設置を「許しています」。法制度が少数の人を結果的に無視し、排除していることにもなっているのです。

★大多数の人のための社会、大多数の人のための法律、大多数の人の意識、これらのすべてが、つまり「大多数のための社会」が少数の人を「無自覚的に」、「悪気はなく」、「無視し」、「排除し」、「制約や制限」を与え、「生活の困難さ」を生じさせているのです。

★これらを総称して「差別」と言います。例えば「レストランに盲導犬を連れて入った視聴覚障害者の入店を断る」というようなあからさまな差別、また外国人をヘイトスピーチで罵るような差別とは違い、このような「差別」のやっかいなところは、大多数の人が、無自覚的に、少数の人に対し何ら罪悪感を感じることもなく、差別・排除するということなのです。
★少数の人、例えば、車椅子を利用している人から見れば、お金を入れることができない自販機に出会うたびに、大多数の人から排除されている、社会から差別されているのだと思ってしまいます。
★車椅子の人に、熱中症を防ぐための水を購入する自販機が、お金の入口が高くて利用できないものとして立ちはだかって、生活に困難（命の危機）を生じさせてしまうようなものを「社会的障壁（しゃかいてきしょうへき）」または「社会的バリア」と言います。
★この社会的障壁は自販機のような物ばかりではなく、その物の設置を許している法律や制度、その設置に何ら疑問さえ持たない大多数の人々の意識なども社会的障壁といえます。
★車椅子を利用する人が「社会的障壁」と遭遇し、生活の困難を抱えています。生活の困難の発生の原因は、足や歩行に不自由さを持っていることではありません。車椅子を利用すれば、どこでも行けますし、社会参加も可能です。にもかかわらず生活に困難を生じてしまうのは、大多数の人のみを想定して作られた歩道（の段差）や届かない自販機という社会的障壁が原因です。
★困難（障害）は、個人の側にあるのではなく、社会の側にあるのです。少数の個人を無視し、排除し、差別している「大多数の人のための社会（物、法、意識を含む）」こそが、生活困難の原因なのです。

★困難発生の原因が「個人」にあること、個人に困難発生の原因を帰因・帰属させることを「個人モデル」と言い、一方、その原因を社会にあること、社会側の問題とすることを「社会モデル」と言います。

★社会モデルは、社会的障壁が個人の前に立ちはだかるために、生活の困難が生じると考えます。多くの場合、この社会的障壁は、大多数の人に対しては、障壁（バリア）として、立ちはだかることなく身を潜めています。

★障害があったり、病気になったり、高齢になって足腰が弱ってきた場合など、社会的に少数や弱い立場になった時などにありありと立ち現れて来るものなのです。

★もしあなたが車椅子で街を歩いてみるとよくわかるでしょう。幅の狭い歩道、段差のある交差点、急な坂道など、普段は気がつかなかった社会的障壁が次々に現れてきます。ただ、通常個々の人が、「これが障壁である」と気づいても、「社会的に原因がある」、「自分たちが原因である」との自覚はありません。

★大多数の人は無自覚なまま少数の人を排除、差別し、同時に少数の人は、社会的障壁に前途を立ちふさがれ、生活の困難が引き起こされ、その困難の原因を単に抱えているだけの障害や症状を自分側（人柄）に帰因・帰属させていく、またさせられていくのです。

★個人の前に現れる障壁が、大多数の人を想定し、無自覚に少数の人を排除している社会的なものである限り、社会の責任において取り除かれるべきものなのです。
★社会的障壁は社会の責任において除去すべきものです。社会的障壁によって、社会的排除、差別が行われている以上、社会的責任において、この「社会的障壁」、そしてさらに「社会的排除や差別が生み出される仕組み」の解明やその仕組みの変革が求められます。
★さらに社会的排除や差別によって生活上の困難が生じているなら、その社会的責任で、その「困難に対処」しなければなりません。また個人へと帰因・帰属させ、「個人に背負わせている仕組み」にも変革が求められます。そして、背負わせられた結果、その抑圧や重圧によってダメージを受け続けてきた個人の心身の回復も社会的責任において対処すべきです。
★一方、社会的障壁が生じない、社会的排除や差別が生まれない社会の在り方を描いておくことも必要であり、それは排除や差別を予防することにもなります。
★ここで、ソーシャルワーカーの仕事を簡単にまとめてみます。少数の側からのみ見られてはいるが、個人に帰因・帰属させられてしまっている個人的障壁を発見し、把握することからはじまります。
★これは、少数の人々と「ともに」行われます。次にこれを社会的なものであるという認識へと転換して、「社会的障壁」として発見・把握します（社会的障壁は、それを生み出す仕組みを内包していることから、以後、社会的・構造的障壁と言い換えます）。

★発見・把握された社会的・構造的障壁を、社会的な責任のもと、除去する取り組みが「ともに」行われます。社会的・構造的障壁によって継続的、抑圧的に受けた心身の被害の回復、生活上の困難への対処も「ともに」行われます。

★ソーシャルワーカーは、大多数の人のための社会が無自覚的に排除や差別を生んでいるという「集団的責任」の自覚とともに、大多数の人・少数の人などという区別がされることもなく一つとなって（社会的結束）、さらに排除や差別が生まれない社会の在り方を変革する取り組み（社会変革）、そして一人ひとりの個性や多様性が尊重（多様性の尊重）される社会を積極的に描いていきます（社会開発）。

★これらの取り組みは、開発途上国から見るとわが国の社会の仕組みや人々の意識全体が社会的・構造的障壁となっている場合もあることから、真の意味でグローバル、「マクロ」の観点からの把握が大切です。

★ちなみに高い位置にあるお金の入口を改造して低くし、車椅子の人が使えるようにすることを「バリアフリー」（障害物を取り除く）と言います。また最初からバリアを取り除く必要がないように配慮して設計しておくことを「ユニバーサルデザイン」と言います。

★車椅子を利用する人が、ユニバーサルデザインの自販機に出会えば、自分たちが多くの人から排

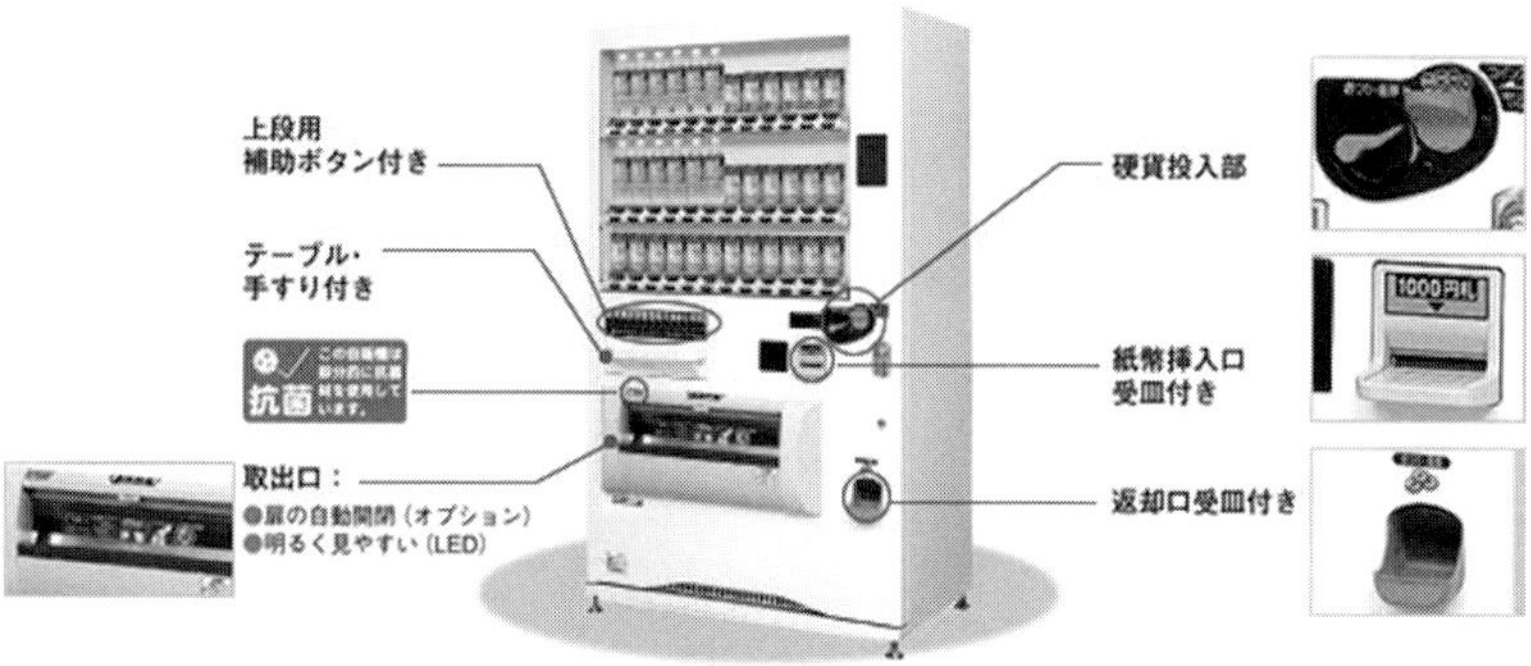

ユニバーサルデザインの自販機（富士電機）
https://www.fujielectric.co.jp/products/vending_machine/c02_7.html

除、差別されているとは感じないことでしょう。このように大多数の人であれ、少数の人であれ、多様性が尊重され、誰もがその社会から排除されることなく、誰もがその社会に包み込まれている状態を社会的包摂（しゃかいてきほうせつ）と言い、ソーシャルインクルージョンとも呼ばれています。そのような社会を「インクルーシブ社会」または「ユニバーサルデザイン社会」と言います。

★大多数の健常者が、少数である障害者をあたたかく包み込むという意味ではありません。それは健常者の上から目線、傲慢な態度です。障害者の「ために」ではないのです。健常者も障害者も誰一人排除、差別されないインクルーシブ社会（ユニバーサルデザイン社会）に包み込まれ（インクルージョンされ）、一人ひとりの「多様性は尊重」されるのです。

A君の「問題」ではなく「課題」

★「A君の問題」というと、「問題」がA君の内部に、人格と混在してあるかのような意味になっており、「個人モデル」に陥る可能性があります。またA君の人格（人柄、性格）と障害や症状が混在して、人柄まで含めて「問題がある」としてしまう危険性もはらんでいます。

★学校に通えない子どもは「ずる休み」だと思われることをもっとも嫌います。学校に行きたいけど「行けない症状」が出ていることが理解されず、「単にずるして学校を休んでいる」、「ずる性格」だと思われるのは大変不本意なことなのです。

「障害が個性⁉」

★ある母親は私に言いました。「私の友だちが、障害は個性だと言うけれど、私にはとてもそんな風に思えません。A君ってすごく個性的ですねと言われると、むしろドキッとします。とてもいい意味で言っているようには受け取れないのです。ああ、やはり人は、息子のことをおかしな子だとみているんだなと。個性と言われるのが本当はひどくつらいんです。」このお母さんは子どもの障害をその子の性格と混在させられることに抵抗を感じているようにも思えます。「本人はそこまで気にしていないんですが。おかしさを息子の人柄（人格、性格）と言われてはたまったものではありません。」

★障害や症状と人柄は分離して把握すべきではないでしょうか。もし「障害を個性」と簡単に言われたのでは、障害ゆえの課題や問題を個人に背負わせる「個人モデル」へとおちいりかねません。この言葉は、慎重に使われるべきです。

★障害や症状が改善・緩和されたあとに（もちろんその支援や改善責任は社会にありますが）、その子らしさが、本当の個性がまったく違うものとして出てくるかもしれないのです。

★障害や症状の影響により二次被害（性格が変化して、もともと明るい性格の子が暗くなって抑うつ的になったり、自己肯定感などが低下したりしてしまうこと等）を抱えている子どもも少なくありません。

第3章　グレーゾーンの「傾向」

★「グレーゾーン」といわれるB君の「傾向」を見てみましょう。発達障害とは診断されていませんが、その「特性」がうっすらと出現していることを本書では「傾向」と呼びます。以下、その「傾向」を把握していきましょう。

※その後、医療機関で発達障害と診断される場合もあります。

B君（11歳・男子）小学校5年生　登校のしぶりあり　時々欠席

B君の一日

B君（小学校5年生）をはじめ、地域の多くの児童の1日は、次のように決められた日課を送っています。

★朝、6時半に起床。朝食、着替え、持ち物準備、少しのテレビ視聴、そして7時半に家を出ます。

★7時40分までに集団登校の決められた場所に集合。7時40分、学校に向かって徒歩で出発し、8時10分までに到着するよう決められています。先頭に6年生の班長、最後尾に6年生の副班長、間にそれぞれの学年の児童が縦に列を作り、決められたルートに沿って歩きます。

★学校に到着するとそれぞれの児童は、下駄箱で上履きに履き替え、各自の教室に向かいます。教室に入ると、ランドセルから教科書等を取り出し、机にしまい着席します。朝の少しの課題をこなし、朝の会、授業へと入っていきます。

★一つの教科は45分、休み10分、午前中4教科、そして給食、掃除、昼休みを挟んで午後は、1〜2教科受けます。授業は、先生が前に立ち、児童は全員先生の方を向いて行われます。単元の内容を黒板に書くなどして、説明しながら進みます。授業中、先生は児童に質問し、手を上げ、指された児童は立って答えます。また先生から指示された課題に各自が取り組むこともあります。課題や作業が終わると、先生に見せて点検や評価を受けます。

★学校行事、体育、音楽、理科、図工などは教室以外の場所である校庭、体育館、音楽室、理科室、図工室などに移動して行事や授業を受けます。運動会、合唱大会、修学旅行、陸上、球技、水泳、楽器演奏、歌唱、音楽鑑賞、理科の実験、絵画、工作なども行われます。

★授業が終了すると帰りの会、そして校庭に班別に分かれて並び、集団登校同様、集団で下校することもあります。

★一方、中・低学年の児童のなかで、校内に設置されている放課後児童クラブ、また事業所に付設された放課後等デイサービスなどに行く児童もいます。保護者が帰宅するまで、祖父母宅で過ごす児童もいます。

★帰宅して、保護者や祖父母に迎えられることもあれば、児童クラブや祖父母宅に迎えにきた保護者と一緒に帰宅する児童もいます。

★帰宅したあとは、遊び（外遊び、ゲーム、テレビ等）、宿題、学習塾、習い事、入浴、夕食、休息、明日の準備、就寝準備、就寝となります。

B君の課題

B君の1日の生活から「傾向」（発達障害と診断された場合は、「特性」といわれることもあります）に関連した本人の課題を①学校生活での「傾向」、②家庭生活での「傾向」、③対人関係での「傾向」という側面から取り出してみます。

①学校生活での「傾向」

★毎朝「学校に行きたくない」としぶり、登校の準備に時間がかかり、母親と「バトルの毎日」です。とにかく準備が遅く、着替えも食事も何回言っても進みません。「私の声もだんだん大きくなって子どもも泣き出す」こともあるらしいのです。

★集団登校の集合場所に時間通り間に合わないことも多く、週に3日ぐらいは母親が付き添い、学校まで送っています。教室に入ってしまえば朝のしぶりやぐずりが「嘘のように」友だちと話し、学校生活に適応しています。

★集団登校できるときでも「集合場所に遅れがち」で、自宅まで呼びに来られることも多く、列を作って歩くときも「みんなに合わせて歩くことが苦手」らしく、いつも一人孤立気味です。

★登校班の班長（小6）が「こわい」、上級生の歩く速さに「ついていけない」、下級生が毎回「からかう」から嫌だと言います。

★母親には集合場所まで「付いてきてほしい」と懇願しています。「来てくれないと学校に行かないと」だだをこねることが多いと言います。

★意欲に大変むらがあります。やる気の「あるとき」と「ないとき」の差が大きい。授業への参加も非常に積極的かと思えば、ほとんど参加していないこともあり注意しても改善しません。

★先生によると「本当かどうかわからないことを口にする」らしく、「事実なのか、想像なのか、作り話なのかわからない」ことも少なくないと言います。先生は、なるべく周りの友だちに事実を確認しますが、大抵それをみんな「見ていない」と言います。

★先生から出された問題の答えを早く言いたくて抑えられず、誰かが指される前にみんなに聞こえるように、一人でつぶやき「クラスで不評を買う」ことが時々あります。反対に誰かに答えを言われると大変不機嫌になり、先生に言いつけるらしいのです。

★先生からクラス全体に指示する内容を「聞き逃す」ことも多く、保護者に翌日の持ち物を伝えられず、忘れ物となってしまうことが多いと言います。学校から持ち帰らないといけないものも忘れて持ち帰らないこともよくあります。

★自分が直接「叱られたわけではないが、C君に怒っているのを聞いてすごく恐かった」と言います。それを見てから登校のしぶりが始まったと言います。担任を「やさしい先生に変えて欲しい」と言いますが、ただ先生のことは嫌いではないと言います。

★話を「短くまとめることが苦手」です。先生に友だちとケンカした状況を説明しようとすると、何時間も前の出来事から話し出します。「そこから話すの」と思うが、最初から話さないと気が済まないようです。

★校舎が見えるあたりから「緊張する」らしいのです。「学校、授業、宿題、プリント、テスト」などの言葉に反応し、ひどく嫌がります。「自主勉強」はほとんどしません。「宿題もまったくしない」ときもあります。

★下駄箱周辺の「集団でのざわつきがいや」で、静かなときに入りたいと言います。教室に入ると「お母さんに会いたくなる」と言い、大変心細くなるらしいのです。

★窓から見える「校庭の様子」が気になって落ち着かないと言います。教室では、よく鉛筆を「ボキボキ」と真っ二つに折っています。

★考え方や意見、思いを聞くと、「そんな風に考えるんだ」と思わせられることが多く、「なかなか他の子は考えない」、「考えが独特で驚かされる」と言います。

★成績は「中の上」です。社会科が得意で「戦国時代」のことに詳しいです。算数の計算、国語の漢字はよくできるほうです。

★国語のテストで、主人公が何を考えているのかなど、出題者の意図を読み取ることはほとんどできません。B君の主観がかなり入ってしまい、正解になることはほとんどありません。

★算数は比較的できますが、「作文が非常に苦手」です。道徳も嫌いで「そもそも質問の意味がわからない」とよく言っています。

★音楽では、「人前で歌を歌わされるテスト」があると「休みたいぐらいつらい」と言います。音楽の先生とはいつも折り合いや相性が悪いと言います。

★体育は好きで、球技も好きですが、「上達」が遅いそうです。「走る時のからだのバランスも悪い」ため、足は遅いです。その他理科、図工なども含めてすべての教科において「やれない作業は何一つもない」と言います。

★グループでの話し合いが苦手です。あるテーマに対して、「どうしてそう思ったのか」等の意見や感想を聞かれることがかなり苦痛だと言います。グループのリーダーとして「意見をまとめて発表して下さい」と言われると頭が真っ白になると言います。

★英語も不得意で、単語が「ぜんぜん覚えられない」、「まったく興味がない」と言います。最初から苦手意識が強く、自分でもそれがなぜかわからないと言います。苦手科目を克服しようとする意欲はまったくみられません。

★聞いて何かをすることが苦手で、「聞いたことは忘れやすい」、「耳になかなか残らない」と言います。保護者に伝えるべきことを忘れやすく「学校で先生が何か言ってなかった？」と母親はいつも聞きます。

★日程や内容を「変更されるのがきらい」です。例えば、授業の内容を変えて、みんなでレクリエーション（よいこと）をすることになっても、また急に予防接種の注射を打つこと（悪いこと）になっても、よいことでも悪いことでも変更されたことは「嫌なこと」になるらしいです。

★姿勢が悪く、「イスからずり落ちそう」になっていたり、横を向いていることも多く、先生から何度も注意を受けています。隣や後ろの席の子との私語や「ちょっかいをかけること」も多いと言います。

★きれい好きで、「汚いものには敏感すぎる」ようで、自宅以外のトイレ、例えば学校のトイレなどを使うことを極力避けています。

★学年単位や全校生徒での合唱や運動会の練習、また宿泊訓練など、大人数に行動を合わせること、合わせられなかったときの周囲の視線、このような状況では、「苦しくなるくらいつらい」ことだと言います。合わせ疲れたあと、しばらくは学校に来られなくなることがあります。またそれらをきっかけに学校に通えなくなる子もいるぐらいです。

②家庭生活での「傾向」

★月曜日や連休明けの朝、つゆなどの雨の日、低気圧が来る日は調子が悪く、前日の夜には「ちゃんと起きられる」と言うものの、朝になるとなかなか起きられません。ゲームのやり過ぎで就寝時間が遅くなりつつあるため、なおさら起きられなくなっています。

★家庭では「スイッチが入る」と目つきがおかしくなるそうです。そうなると何を言っても通じなくなります。自分でもどうにもならないようで、何かに追い立てられ、焦っているように感じられると言います。

★何事にも「やる気にムラ」があり、やる気のない時は目の前のティッシュ一枚捨てようとしません。自分で「部屋の整理整頓、布団の上げ下げぐらい」するように言っても、できるときとできないときの差が激しいと言います。天気の悪い時はだいたいできないことが多くなります。

★忘れ物や失くし物も多く、しばらくたって「どこからともなく出てくる」と言います。学校に持って行く体操服などを忘れないようにと玄関の靴の脇において、出て行く前にもう一度確認しても忘れていきます。母親は「もうかんべんしてほしい」と嘆いています。

★朝の準備では、忙しいこともあり、何回も同じことを言うことが多く、母親は「それが疲れる」と言います。また「さっき言ったよね」と、この言葉も何回も言わなければならないと言います。

★時間の使い方が下手で、例えば集団登校の集合時間が7時半だとすると、その前に持ち物準備↓朝食↓着替え↓トイレ↓洗面↓起床などと「逆算して今のことをすること」がほとんどできません。計画性をまったく持てないらしいです。また仮に時間を決めても「先延ばし」が常習的でかつ時間通りにできたことはほとんどないと言います。

★何かをしているときに自分の興味あることが目に入ってくると、忙しい朝にもかかわらず、そっちに気を取られてしまいます。そしてもともとしていたことに戻れず、それを忘れて違うことをしていることもあるそうです。「朝からそれやらなければならないの」と大声をあげてしまうこともあると言います。

★宿題を決められた時間までに終えられない。「今やろうとしてた」、「後からやる」が口癖です。就寝時間まぎわに慌ててやろうとします。夜にできない場合、「朝起きてやる」と言います。朝がスムーズに起きられないため、早く寝かし付けたい母親と「毎日バトル」になります。「宿題をやらないで、忘れていけばいい」と言っても「やっていかないと気が済まない」らしく、あせりで泣きわめくともあるそうです。

★自宅では大抵の時間を「ゲームに費やしている」ようです。ゲームに没頭しやすく、その集中力はかなり高いです。ゲームをする時間を決めてもやめられません。電源を切ったり、取り上げたりすると「逆ギレ」してしまうので、根負けして気の済むまでやらせている状態です。

★親に隠れてゲームに時々課金していました。高額の課金になっていたことがあります。高額なアイテムを購入し、友達の間では「あいつ、あんなすごいの持っているぞ」と、噂になっていました。それが本人には誇らしかったらしいのです。

★動画視聴では、自分の好きなゲームを誰かがやっているもの（実況中継）を見ています。これも「自由に見せている」状態で、食事の時も「ゲーム機を脇に置いて」見ながら食べています。

★ゲームに没頭する前は、「電車、ミニカー、ブロック」などで遊んでいましたが、現在は「まったく興味を示さなく」なっています。「遊びの幅」が狭まってしまったらしいのです。

★外遊びで、未就学などの子がいると、「鬼ごっこ」などをして遊んであげています。自分が鬼役となり、その子を追いかけ、かなり「楽しませている」ようです。

★外ではサッカーが好きで、クラブチームに所属しています。学校の体育と違って、友だちの前で厳しいコーチに「やる気を出せ」と「叱責されることも多く」、最近意欲が低下気味です。練習場所に送迎する母親もコーチの態度に疑問を持っています。

★学校が終わる時間になると、気持ちが楽になるらしく、「学校を休んだとき」でも夕方になると友だちと遊んでいます。母親は「普通、学校を休むと何かしら負い目があるから遊べないと思うけど、平気で遊べるんです」と言います。

★少し前は、外遊びで何が好きかと聞くと「追いかけっこ」と答えました。「その年でまだそれ楽しめるんだ」と思ったこともあると言います。最近は何でも「面倒くさい」と言って、まったく何もしなくなりました。ドッチボールは「一番嫌いな遊び」と言います。

★母親は常々「育てにくさ」を感じ、育児に疲れています。自信をなくし、自分を責めています。「子どもをかわいく思えないなんて、母親失格、人としてもだめだと思う」、「この子は私じゃなくて、もっと別のお母さんに育ててもらった方が幸せだったんじゃないか」と言っています。子育てや家事に非協力的な夫は妻の育児疲れには無頓着で何も気にしていない様子です。

★妻の夫に対する思いは、「主人も息子とよく似ていて同じ傾向があるように思う」と言います。家事や育児への非協力的な態度は、「これが母子家庭なら諦めもつくし、気持ちもおさまる。主人が近くにいて何もしないことが一番腹が立ちます。イライラします。息子のことより、主人へのストレスの方が大きいことがよくあります」と言います。

★主人に何かを話そうとすると、「いったいおまえは何が言いたいんだ」と、すぐに返してきます。主人には私の話を「うん、うん、そうか、そうか」とただ聞いてもらうだけでいいのに、上から目線で話してきます。私は、何か答えが欲しくて話しているわけではありません。助言しているつもりになって言ってくるので腹が立つし、そもそも助言になっていません。主人から言われることは十分に私もわかっているし、今すぐどうにもならないってこともわかっています。私が求めているのはそういうことではないのです。主人は、「何もわかっていない」と怒りがおさまらない様子です。

★「育児に非協力的な夫」は、子どもの傾向には無頓着で登校のしぶりをただ「甘え」、「なまけ」だと言って頭ごなしに子どもを責めているだけで、子どもにどう接ったらよいか何も話してくれません。

★夫のゲームや動画視聴に対する考えは、夫自身も携帯ゲームにはまっているため、「好きなだけやらせておけばいい、いつか飽きる」というものです。仕事から帰ってくると「主人は寝るまでずっと携帯でゲームやっています」と言います。

★「主人の両親も変わった人」で、「子どもの誕生日、クリスマス、正月とかに何かを直接いただいたこと」はありません。特に子どもをきらっている様子はないのですが、「好きとか嫌いとかではなく、もともと関心がないように思う」と言います。

★心の疲れは、大抵1～2週間程度遅れてやってくるため、登校をしぶる原因がわからないことが多いと言います。

★保育園の年長まで「おむつ」を着けていました。なかなかおむつが外れず「小学校になっても漏らすようであればどうしよう」と心配でした。年長のときには、もらしてしまうというより「ちびってしまう」という感じだったようです。

★朝、腹痛を訴えることも多く、吐きそうになることも時々あるそうです。以前に「過敏性腸症候群ではないか」と言われたこともありますが、最近ではそれほど頻繁ではなくなったようです。

★「小学5年生にもなるので、私（母親）と手をつないで歩くことなど、恥ずかしくないのかな」と思うそうです。母親に「くっついていっしょに寝ないと眠れない」、「夜一人で1階のトイレにも怖くて入れない」と言います。

★「異性（女子）を意識する感覚」は、ほとんどなく、「かなり遅れているように感じている」と言います。

★自分が思ったことや感じたことを「言葉で表すことが極端に苦手」です。友だちにパンチをして怒られたときも「なぜやったのか」と聞いても「よくわからない、イライラして、あいつがにらんだから」など、はっきりした理由を言葉にすることができません。

★学校から帰ると「まずゲーム」をするそうです。尋ねると「すごく疲れた」、「ストレス発散」と言い、「息子にとってゲームで心のバランスをとっている」ように感じると言います。

★基本的に薄着で、「真冬でも半袖半ズボンでも平気」です。また皮膚に直接触れる下着などの「肌触り」などにこだわりが強く「チクチクする」ものや「しめったもの」を極端に嫌がります。

★はっきりしない音が嫌いで、特に複数の「人の声が混じるガヤガヤ、ざわざわしている音」を聞き続けると「気分が悪くなる」、「イライラしてくる」と言います。

③対人関係での「傾向」

★こだわりはじめるとそこから「抜け出せなくなる」そうです。ずっと同じことを要求したり聞いてきたりします。家族はうんざりしています。心身の体調が悪いときほどこだわりが強く出るそうです。反対に調子のよい時はすぐに切り替えられ、素直に応じることができるそうです。

★クラスの「2、３人の子がいじわるをしている」と言い、それが5、6人となり、最近では、半分ぐらいの子が自分のことを「変な目で見る」と言います。

★勝ち負けの「勝負に非常にこだわり」ます。ゲームなどでも勝つまでしつこくやり続け、負けると異常に「キレて」しまいます。キレると自分でもコントロールできなくなるようで、誰かに責められると「火に油を注ぐように」さらにヒートアップしてしまうそうです。

★自分のことを「棚に上げ、責任転嫁」しやすく、「相手の欠点を探すことは非常にうまい」そうで、見つけると必ず指摘して嫌がられています。欠点の内容は正確で本当のことなので、相手は、図星をさされて泣いてしまうこともあるそうです。

★誰かに謝罪することが苦手で、「迷惑をかけたことをなかなか認めようと」しません。言い訳することが多く、大抵、原因は自分ではなく、「相手にある」と言います。

★白黒、良い悪いを「はっきりさせないと」気が済まないので、あいまいなことを言うと、質問の回数が増えて、「自分で考えて判断して」と言いたくなるそうです。

★決まっているルールに絶対に「従わせようと」正論を吐きます。一方、友だちにもそれを「強要する」ため、「融通が利かない」と言われ、友だちには少しずつ避けられはじめています。

★何事も「待てない」性格です。待つことが苦手で待っている間に「違うことにはまって」います。「暇になると必ず埋め合わせよう」と「活動的になるのか」、「寝てしまうのか」のどちらかになります。暇な時間をうまく使うことが苦手です。

★人の前に立つこと、リーダーとなること、「人やその場を仕切る」ことはきらいな方ではありません。機会さえあればむしろ「やりたがり」ます。「一見面倒見がよい」ように思われますが、「仕切れない」とわかると急速に関心を失い、人任せになってしまいます。

★「経験のないことはやろうと」しません。特に食べ物に関して「好き嫌いが多いというより」、大半は「食べずぎらい」です。一度食べて気に入ると「そればかり食べよう」とします。

★自分が思っていることは「相手も同じように思っている」と考えている場合があります。人には人それぞれの考えがあることをあまり理解していないようです。

★友だちとの関係は全般的に「疲れやすく」、話をするぐらいだったら、体を動かしていた方が楽だと言います。友だちとは「オンラインゲーム」をすることが「一番楽しい」と言っています。

★「年下の子の面倒をよくみており」、自分よりかなり小さな子（幼稚園児）には常に寄り添って、遊び相手になっています。人に対する「関心がない」、「自己中心的」と思ってたら「小さい子を抱っこして遊んであげていたので驚いた」と言います。

★「同世代の子との関係が苦手」で、上でも下でも年が離れていた方が付き合いやすいと感じています。４つ離れている兄の友だちとの関係は非常に良好で、みんなにかわいがられています。

★まったく悪気はなく、その場の雰囲気に合わせられず、結果的に「相手を不快にしてしまう言動」が多く、自分が何か言われ、不快にさせられると「先生にすぐに言いつける」と言います。

★友だちとの会話は「話し出すと止まらなくなり」、「会話のキャッチボール」というより「一方的に話してしまう」ことが多く、友だちは最後まで聞こうとしません。

★自分のわがままが言える友だちとの遊びでは、自分で「ルールを勝手に作り替えてしまう」こともあり、「ずるい」とよく言われています。自分の采配で物事をすすめることを好んでいます。

★気に入った友だちに対しては「独占欲や支配欲が強くなりすぎる」こともあり、時に嫉妬深くなるが、諦めもはやく、「そういう切り替えは早い」と言います。

★「ゲームがやれる友だち」としか遊ばないことも多く、外遊びにはそれほど関心がありません。友だちも同じような子が集まり、いつも家のなかでゲームをしています。

★時々「被害感が強くなる」ことがあります。「友だちから嫌なことを言われている」、「先生は手を上げても自分をなかなか指してくれない」など、不満や文句が多いです。ただ、「人の前ではいっさい」そのようなことは言わず、素振りも見せません。

★「人なつこい面」と「孤立しやすい面」の両方があります。人との距離の取り方が下手で、最後には疲れて、自ら身を引き孤立していることが多いです。

★癖の強い友だちには「のみこまれやすく」、調子よく振る舞うが、自分が強い立場になるとかなり「命令的、強制的」で、乱暴な言葉遣いをするので、そのような友だちからは嫌がられています。

第４章　「傾向」への理解と対応

「傾向」への配慮と社会的障壁

★発達障害と診断されないまでも、発達に何らかの課題や特性を持っていそうな「傾向」が現れる場合があります。それを「グレーゾーン」とか「グレー」などと言います。発達障害に似た「傾向」が現れることもあり、ここでは、「グレーゾーン」の子どもの事例（B君）を取り上げて、その「傾向」への理解と対応を考えます。

★発達障害でなくとも、グレーであれば、その「特性的なもの」や「傾向」に配慮したかかわり方をした方がよいかと思います。「傾向」に配慮してかかわるか、配慮せずにかかわるかでは、かかわり方が真逆になることもあります。

★保護者や先生には、医療機関等で検査を受けて、何ら診断が下されない場合でも、この「傾向」を考慮し、理解したかかわりをすすめています。

★いろいろな場面で、保護者、家族、先生、友人などによって、何回も同じことで「注意や叱責、からかいや侮辱」の状態にさらされていますので、この「傾向」に配慮したかかわりをすることによって、それらの状態にさらされ続けることは減少してきます。

意欲のむら

★まずB君の抱える「傾向」とは、「意欲にむらがある」ということです。「できない作業は何一つない」のですが、意欲が出ないと何もしませんし、できません。何回も強く言ってもできないし、やろうともしません。

★大多数の児童が、疑いもなく、無自覚的に、状況に対して学習意欲を出せることが「普通」と先生が考えているなら、B君は取り残され、「参加意欲のない児童」と烙印を押されて排除されてしまうでしょう。

★周りの児童もB君の不安定な授業態度を暗に責めることがあれば、ますます参加から遠ざかっていくことでしょう。意欲の出方に「傾向」を抱えるB君にとって、先生の接し方、他の児童の態度は「社会的・構造的障壁」となっている可能性があります。B君の意欲に合わせた学習状況を組み立てる合理的配慮が必要で、その学習状況を自由に選択できることが求められるでしょう。

★また「傾向」を抱えるB君の意欲は一定しません。通常、意欲はその状況を把握した時、その状況から押されて意欲は湧き出てきますが、B君はそれが安定していません。意欲に大変むらがあります。それは自分でもどうしようもありません。授業への参加意欲、発表意欲、先生の言うことを聞こうとする意欲も出るときもあれば、出ないこともあります。そのような「傾向」を抱えるB君に対し、十分な理解が必要です。

★通常、周りの状況に合わせて、意欲を出すことが自然にできます。いやいやながらでも最低限の意欲を出してこなします。しかし、「傾向」があるB君の場合、それができません。何かその子にとって「非常に意味のあること」でないと意欲が出ないのです。

★多くの児童が勢いよく手を上げ、先生の話に耳を傾け、課題に積極的に取り組む反面、B君はそれらに興味や関心が内から湧いてきません。一方、突然過剰に意欲的になることもあり、他の児童のことまで配慮ができず、先生に指されることを待てず、発表欲求を押さえることができなくなることがあります。

★意欲というものは、出そうと思っても出ないことはありますが、B君のように「日常生活に最低限必要な意欲を出せない」ということがあるのです。それが「傾向」というものです。

★「傾向」がある場合、何によって意欲が引き出されるかは個人によってかなり違うので、その子を本当に知ることが非常に大事です（教育の基本とも言えます）。

★体調や気候に左右されることがあります。B君の場合、気候の悪いとき（低気圧時）は意欲は出ないのですが、よい時はすらすらと意欲的にやれることもよくあります。

狭くて小さいヒットポイント

★その子にとって「意味がない」＝「ヒットしない」と意欲がでないのです。そのヒットのポイントが非常に小さく狭く、日々変わっていくものです。そこが難しいところです。

★B君にとって、今日のヒットのポイントは明日には通用しないことがよくあります。例えばB君の好きな「カレーを食べに連れて行ったら宿題をする」は今日だけでした。

★勉強もなまけていると「どこの高校にも入れない」、「みんなにバカにされる」、「好きな職業には就けない」などと言っても、B君にとって「まったく関係ない」といった感じです。そのようなネガティブな脅しではまったく意欲は出てきません（B君は、「高校なんか行かなくていい、いくつもりもない」と普通に言い返します）。

★「ゲーム」と「動画視聴」は、「傾向」を持っている子でも、大抵それは大きな「ヒットポイント」です（というより過集中するため注意が必要です）。ただ、これらを交渉の材料として、生活や学習に生かしていくことはできます。いかにうまくそれらを使い、意欲を出してもらうかが大切です。

性格変化

★「傾向」を持つ子にとって、過度な注意と叱責の繰り返しは、「自己肯定感の低下、自信喪失、ストレス、嫌気、焦り、怒り、あきらめ」などを引き起こしてしまいます。家でも学校でも、遊びでも教室でも、それらの「注文」にうんざりして、くさっていくこともわからないわけではありません。
★それがずっと続くと「性格変化」といって、その子（Ｂ君）らしさが消失してくることがあります（この性格変化こそもっとも回避すべきことです）。子どもは、保護者や先生から注意や叱責を受けないように、本来の自分の性格を変えていきます。そして周りの人の目を非常に気にしながら、周りに合わせることだけに神経をすり減らしている場合もあります。
★その結果、Ｂ君は、平気で嘘をついて逃れることを覚えました。Ｂ君にとって、自分を守る一つの方法です。嘘をついて自分を守っても、最終的に、気持ちの疲労（負い目）となって、学校に行く意欲を低下させていることもあります。
★「傾向」のあるＢ君にとって、朝の準備で毎朝母親と「バトル」を繰り返しています。Ｂ君は、集合時間である7時30分に合わせ、「逆算」して朝の準備を行うことが苦手です。保護者に対して、Ｂ君の「傾向」に対する理解を促すことで、社会的・構造的障壁に阻まれることを防ぎます。
★通常、目的（全体）から目の前の作業や動作（部分）が導き出されてくるのですが、Ｂ君はそれがスムーズにできません。目的自体がその子にとって何の関心もなければ、また意欲も出ない目的や達成しがいのないものであれば、当然その過程である一つひとつの手順はどうでもよくなります。ここにも意欲が関係しています。Ｂ君は、意欲に加えて、全体と部分、目的と手段、達成と手順のようなものの関係理解が難しいと言われています。

時間感覚の薄さ

★B君は、時間感覚の把握も弱いと言われています。大体の時間の長さ、流れみたいなものを把握することが苦手です。朝の10分と夜の10分は長さや流れは、客観的には同じですが、感覚的にはかなり違います。そのような感覚的なものの把握が難しい「傾向」があります。

★時間の区切りがあった方がよく、学校で放送される授業の区切りであるチャイムは重要です。それにより切り替えのタイミングが合図されてわかります。B君は、あらゆることの「切り替え」に困難を持っています。何の切り替えもなく同じ事を何度でも繰り返すことは退屈ではなく、むしろ「安心」（時に「楽園」）だと言われています。

集団登校

★B君にとって、集団登校は、その日の準備を整えて、時間通りに、集合場所までいかなければなりません。しかし「傾向」により通学への意欲が出ないこともよくあります。これは学校生活への意欲とも関係します。また、この意欲が気持ちの疲れによることもあり、またその両方であることもよくあります。

★集合時間に合わせて、そこから逆算して今何をすべきかを考えられないこともB君の「傾向」の一つです。これは計画性と同じですが、目的に対して、計画的に手順を踏んでそこに到達する（目的を達成する）というこの考え方がうまくできません。これも実は「傾向」なのです。

★集団登校は、注意力が分散しやすい「傾向」を抱えるB君にとって、列を乱さず、「こわい」上級生や下級生に気を遣うことが苦手です。遅れて到着すると先生に注意されるなど、その集団に迷惑をかけないようにと、みんなに合わせて歩くことは非常に大きな心的、身体的負担を感じています。

★交通安全に注意しながらも、すがすがしい早朝から不安や焦りを感じ、過剰に気遣いをしなければならないなど、慣例的に行われている集団登校のなかに、社会的・構造的障壁が潜んでいる可能性があります。対人関係の調整などの合理的配慮、あるいは多様で自由な登校方法の選択ができることが重要だと思われます。

★朝の気持ちのよいとき、1日のスタートから、注意・叱責の連続ではたまったものではありません。もし朝の準備がうまく進まないようなことが毎日毎回続くようであれば、「傾向あり」と判断し、周りの人がすべて用意を手伝ってあげた方がよいと思います。

★一緒にすることが一番いいことかもしれませんが、朝は誰も忙しく、すべきことを進ませなければなりません。互いにうるさく言わない・言われない方が、互いに疲れません。何回言っても難しく、改善されないようであれば「傾向あり」と考えてみた方が前向きで生産的です。

★集団登校に関しても、B君のように「傾向」が関与しているのであれば、保護者などが主導した方がよいでしょう。短い朝の時間のなかで、準備に追い詰められていくことは、「性格変化」を起こす可能性もあります。また、気持ちの疲労がかなり蓄積されている場合もあり、実は学校に行く前にすでに疲れ切っていることもよくあります。

★また、集団登校でB君のように、「みんなに合わせて歩く」、「気を散らさないで歩く」ことにおいて、まず「合わせる」ことにすでに疲れている場合もあります。「合わせる」ことに限界が来ていて、「合わせ疲れ」、その疲労ゆえに気が散りやすい状態となっていることも十分考えられます。

★集団登校は様々な「傾向」が関与し、困難を生じさせている可能性があるということです。それは、登校の目的である学校生活への意欲のむら、みんなに歩くことを合わせる疲れやすさ、時間感覚のズレ、目的から逆算される今の行動の実行等の計画性の不得意さなど、複合的です。

授業

★学校の授業は、大抵、集団指導ですが、「傾向」のある子は、この集団指導、一斉指導が苦手です。特に声だけで指示されたことなどは（声という音は消えるので）残りません。B君のように耳を通しての記憶の定着が難しい「傾向」を持つ子もいます。視覚に訴え、残すものがある方がよい場合もあります。一方、B君は、視覚で追って問題文を読んでいくことは苦手ですが、問題を読み上げると理解できる場合もありました。

★Ｂ君は、科目で比較的算数はできますが、国語や作文といった「心情を表すこと」がかなり苦手です。そもそも内省機能といって、自分の気持ちを振り返ることがうまくできません。当然、その気持ちに言葉を付けて表すこともできません。自分の気持ちの振り返りができないということは、友だちの気持ちを察することも苦手となります。なので、友だちは自分と同じように思っていると考えている場合もあります。

★自分の気持ちの振り返り（内省や反省）が苦手ですが、これを無理に「自分の胸に手を当てて考えてみなさい」などと言うと、かなりの苦痛を感じてしまいます。Ｂ君は時にパニックになってキレることもあります。「作文を書く」とわかっている日は学校を休む子もいるぐらいでした。

★国語や作文と同様、道徳も同じような理由で苦手です。先生が「あなたが、どう思ったかを素直に書けばいい」と言ったことに対して「どうって言われても、どうってどういうこと」、「その意味がわからない」と言っていました。Ｂ君にとっては、先生が問う質問の意味がわからないこともよくあります。いずれにしても、自他の心情を考えることは大変苦痛を伴うらしいのです。

★キックやパンチをしたあとに「どうしてそんなことをしたの?」と聞いても「なんとなく」、「わからない」、「イライラして」などと、気持ちを言葉に表すことができません。

気持ちに言葉を付ける

★負担がかからないように気持ちを少しだけ確かめ、それに言葉を付ける練習が必要です。毎日日記を付けたらよいと思うかもしれませんが、日記も苦手です。その日の事実を列挙するだけで、それにまつわる心情を表せません。日記を付けることを課しても意味がありません。一番よいことは、子どもが置かれた現実的な状況を保護者などといっしょに「共有する」なかで、その場に合った心情に言葉を一つひとつ付けていくことが大切です。

★言葉が付くということは、言葉でその気持ちを保持できるということです。例え短い時間でも保持できれば、振り返ることもできるからです。何の心情を表す言葉を持たないなかで、自分の心情を把握することは大変困難です。

★B君のように、心情を言葉で表すこと、気持ちを振り返ること、相手の気持ちを察することなどが苦手な場合、それを幼いときから今までもずっと避けてきた可能性があります（本人は、避けてきたとか逃げてきたという思いもありません）。

★B君は、自分の気持ちを言葉で表す力がかなり幼く、年齢相応の成長よりも遅れている可能性があります。どの時期からはじめても遅くはないので、早期に練習した方がよいでしょう。

★心情理解や言語化は、今後発展して「思いやり」や「相手の立場を考える」、「場の空気を読む」など、社会生活には欠かせないものとなっていきます。この理解の練習が不足しているだけであって、できないわけではありませんので、少しずつ向上させていけばよいかと思います。なのでまずは、自分の気持ちを知ること、言葉で表すこと、そして他人の気持ち理解へと順を追って進むことです。

気持ちをわかってもらえていない

★自分の気持ちへの理解ができない場合、自分の気持ちをわかってもらえている感覚も非常に乏しく、自分のことを何となく「わかってもらえていない感じ」と思っている子どももいます。

★気持ちのキャッチボールのようなものの体験がないので、独りよがりな思い込みに落ち込んでいる場合もあります。そうなると余計に周りからは孤立し、空気も読めず、悪気はないにもかかわらず、「変なことを言ったり」、「余計なことを言ったり」、「相手が傷つくことを平気で言ったり」することもあります。

★相手に「思いが通じない」、「わかってもらえた感がない」ので基本的に孤独で、むなしい気持ちになっていることもあります。このむなしさを勉強や運動で埋め合わせている子もいます。成績表など、結果が明らかに点数化されて出るようなものの方が、わかりやすいので、そのようなものにこだわります。

★反対に友情とか思いやりとか団結などという抽象的なものの価値は低くなっています。また、B君のように、特別な理由がないにもかかわらず「生きていても面白くない」、「死にたいと思うこともある」などを口にする子もいます。孤独から脱し、相互に気持ちの交流が起こり、ひとりよがりな思いが減ってくると楽しさ、うれしさが回復し、このようなことを口にする回数は減ってきます。

生きづらさ、合わせづらさ

★B君のように、なんらかの「傾向」を持つ子はとにかく疲れやすく、実際すでに疲れ切っている場合もあります。「こうしたら？」と何かを提案しても「無理！無理！無理！」と返ってくることも多いです。この疲労はADHDのように常に体の奥から衝動性にあおられている（エネルギー放出状態）ため、本人でさえ気づかないうちに疲れ切っていることも希ではありません。

★また、生きづらさについて、本人はそれほど大げさなこととは思っていませんが、学校生活で友だちや先生に対して本人なりに状況を感じ取って、周りの反応を気遣いながら、必死の調整、顔色伺い、葛藤、失敗、屈辱感や劣等感のなかですでに疲れている場合があります。

★また感覚の過敏さも加わって、少しのことで心に大きな負担を感じやすいこともあります。

★常にこの疲労ゆえに学校に行く力が枯渇している場合もあります。特に月曜日とか連休明けなどは、前日がお休みなため、気持ちも緩んでいますが、週のはじまりなどは、いっきに意欲やモチベーションを上げ、気持ちに力を入れなければなりません。

★力自体が入らない、あるいは力を自力で出すことができない、また力を入れることを「面倒くさい」（面倒くさがり屋）と思ってしまう場合も多いのです。

★朝、起きられなくて、登校を渋っている時に、起床や登校を強要されると、わずかに残っていた力が完全に枯渇してしまうこともあります。

気持ちの疲労

★気持ちの完全な枯渇状態は、何も考えられない状態なのではなく、人から悪く思われているような思いを突っぱね、跳ね返す気持ちが低下してしまっているので、無防備となり、親や先生、以前に言われた友だちの言葉や態度を思い出したり、自分の失敗や挫折がよみがえったりしています。

★「グサグサ」と心に刺さり、心が「ズタズタ・ボロボロに引き裂かれ」たような気持ちになり、恐怖心で満ち、罪悪感・自責の念にさいなまれ、「死んだ方がいいのではないか」、「生きていたくない」と思ってしまうこともあります。

★これは、実は誰でもそのような状態になれば、そのように思ってしまうもので、それは特別なことではありません。一方心が充電され、充足してくれば、余計なことも考えなくなってきます。気持ちの十分な休息と回復に必要な十分な時間が確保されることが求められます。

★登校を無理強いせず、心の疲れを取り除くことが必要です。また昨晩は「明日学校には行くと言っていたじゃないか」と落胆し、子どもを責めることにならないように注意が必要です。昨日話したことは嘘ではなく「本当に行こう」と思っていたのです。けれども、朝になると意欲が下がり、気持ちがなえてしまうことがよくあります。一日一日の子どもの言葉に一喜一憂することなく、まず疲労からの回復を一番に考えましょう。

★「傾向」のある子は、人やものごとに合わせていくことに非常に違和感を感じています。人に合わせることが苦手で、それが著しく疲れます。

★年の離れた妹がいる小6の子は、年長の妹とケンカが絶えません。姉がいつも妹に負けて泣いてしまうのです。人やものごとに合わせて、その波に乗り、スムーズに生活することが「傾向」のある子は非常に高いハードルだと感じています。

★年長の妹はそれをいとも簡単にやってのけています。でも、それが姉にはかなり無理をしないとできないのです。それは心身ともに疲れ果てるぐらいのことなのです。普通に妹はスイスイできていることでも、姉にはかなりの努力が必要なことなのです。

★大人になれば「生きづらさ」と言うかもしれませんが、その子は、自分の気持ちを言えず、ただただ泣くだけしかできないのです。妹に叩かれて泣くのではなく、妹が何も考えず、何の努力もなしにやっていることが、自分は簡単にできない悔しさのような気持ちで泣いているのです。

★人との交流を極力避け、自分が傷つかないように守ることで精一杯だったのです。そのような気持ちを理解することが非常に重要です。何が自分にできないか、それさえも実はわからないことも多く、わからないことがわからない状態なのです。

★周囲も保護者もこの彼女の困難を理解することは難しく、「妹に叩かれたら泣いてばかりじゃなく、叩き返せばいい」、「泣いていたらわからない」、「嫌なことは嫌といえばいい」などと言っても理解できません。ますます「わかってもらえていない感」は増大し、保護者に訴えることさえ諦めることもあります。

逃げ場のないストレス

★そしてだんだんとわかってもらえないストレスは心のなかに蓄積し、逃げ場所を失い、リストカット（時に過食、買い物）などの手段を使い、放出・解放させる場合もあります。リストカットは、一つの「解放、やすらぎ、落ち着き、静けさ」と言っていた子もいました。

★逃げ場のないストレスが一定量蓄積されるたびに繰り返し「解放」を行っていました。しかし、なぜ手首や腕を「切る」、「刻む」ことをするのでしょう。ストレスの解消方法は、いくらでもあります。なぜその方法を選ぶのかということです。

★その行為そのものを止めても何ら解決には至りません。しかし、そのやり方のなかに解決のヒントは隠れています。それについては何らかの機会に詳述したいと思います。

★登校しぶりは、気持ちの疲れが蓄積してきた結果なので、しぶりが重い時は「学校を休ませて気持ちの疲労を回復」させることも重要です。月火と行き、水に休み、木金と行く、というような通い方もよいかと思います。子どものなかには、疲労の蓄積がピークとなる木曜日を休む子もいます。あとは金曜日だけがんばれば土日に入るからです。また、午前だけ授業に出て、給食を食べずに帰る子もいます。いずれにしても、その子に合った、無理のない通い方を「自分で選んで」行くということが重要です。

★ゲームのやり過ぎで就寝が遅くなり、朝起きられないなどの場合、ゲームによって心の疲労を緩和している場合もあります。それも気持ちの疲れの表れであると思われますので、気持ちを休ませてあげることが大切です。

責任転嫁と切り離し

★内省や反省などの振り返りが苦手な「傾向」がある場合、自分のなかでストレスなどをうまく処理できないため、自分以外の誰かに責任を転嫁しやすくなります。

★他者に「投映」してしまうこともあります。他者にその気持ちを帰因・帰属させてしまうのです。B君を例にお話ししましょう。この考えは「クライン派対象関係論」の学説を参考にしています。みんなに人気者で愛されている友だちがB君の近くにいる場合、嫉妬や自分の価値まで下げられた感じがして、劣等感をも感じることがあります。
★Ｂ君にとって、その友だちは、彼にとって非常に不快な思い（嫌悪感）を生じさせる諸悪の根源です。しかし、そこで浮かび上がる考えは友だちに「消えろ、死んだ方がいい」などで、感情としては「嫉妬心、存在感の低下、劣等感、嫌悪感」などです。
★マイナスの「考えや気持ち」が彼の内側・内部で発生し、不快になります。内側や内部では、逃げようにも逃げられず、避けようにも避けられず、抑えようにも抑えられず、目を背けようにも背けられず、そのような耐えがたい不快な考えや気持ちがこんこんと湧き起こり、彼を不快さで満たします。
★自分のなかで自力で処理する力が低いので、その不快さは自分のなかで継続し、彼自身を苦しめます。彼は内部からやって来るひどく不快な考えや感情の渦に巻き込まれ、振り回され、翻弄され、困惑させられます。彼はそれをうまく処理できればいいのですが、まったく弱く無力で太刀打ちできません。何とかうまく収めること、消し去ることができません。
★そのため、自分の持っているたくさんある考えや気持ちのなかで、特に不快で耐えがたい考えや気持ちを「切り離し」ます。これで自分の不快さは少し落ち着きます。しかし、形を変えて不快さは残り続けています。
★それをどのような形に変えたのかというと、その考えや気持ちは誰かある人が考え、抱いている気持ちである、と転じるわけです。つまり、擬似的にその不快な考えや感情を誰かのなかに「帰因・帰属」させるのです。

★それら不快な考えや感情はある友だちが持っている、つまりその友だちが所持・所有しており、自分のものではないと。その友だちのなかにあるものとして属させ、そこから発生しているとして、発生源を自分から友だちへとすり替えるわけです。

★友だちに自分の不快さを重ね、帰因・帰属させるわけです。もちろんその友だちの内部と言えども、B君の心の世界のなかの「内部」です。

★その友だちが、そのような不快な考えや気持ちを持っていると思い込むことで、B君のなかから湧いてくるものを直に受け止めるよりは、多少、楽になります。しかし、依然としてそれはB君のなかにあり続けますが。

★友だちのなかにあると思うことで、少しはB君の内部から出て行ったように思うだけで、続いてその不快さはB君の内にあり続けます。しかし、友だちのなかに帰因・帰属させることによって、その不快さは自己の内部からではなく、友だちという外部からB君に向かって来るような感覚になります。

★その結果、外部に存在する友だちと対決することを可能にします。今、その外部に存在する友だちというのは、B君の内部において、あたかも外部にいるかのような考えや気持ちを持つ友だちです。

★それはもちろんB君自身が彼の心のなかで、外部にいるかのように姿を変えた彼の考えや感情そのものです。B君は自分の考えや気持ちだけを、誰かに帰因・帰属させているため、顔や体は彼自身ではなく、友だちです。顔や体を持つ他人ですが、考えや気持ちは切り離された彼自身の考えや気持ちそのものです。

★B君の外部で不快な考えや気持ちが発生しているわけではなく、ただただ「外部にある」と思い込んでいるだけで、しっかりとB君の内部から湧き出ています。その友だちとは実在する顔や体を持つ人ですが、その考えや気持ちは、B君から見るとその友だちの考えや気持ちだと思っています。

★不快な考えや気持ちが「内部」から生じていないんだと強く思い込んでいるだけです。外部にあると思い込んで、外部にいる友だちから自分に対して、不快な考えや気持ちを向けられていると思うようになります。

★B君は目障りな友だちに対する考えとして「消えろ、死ね、向こうに行け」、感情としては「嫉妬心、存在感の低下、劣等感、嫌悪感」を向けていました。これがB君の外部にいる友だちが考え、感じていると思い込んでいきます。

★B君の内部から発生している考えや気持ちがなくなったわけではないので、「外部にいる友だちから自分に向けられている」というように変わりました。少しでも内ではなく、外にあることによって楽になるため（少しでも内部でなく外部にいる相手として戦えるように、また外の相手を迎え撃てるように）にしたことです。

★結果的に外（＝「自己内部の外」）の相手から、自分がそう思われているというように変わります。B君がいだく友だちへの「消えろ、死ね、殺す」という思いは、「消される、死亡させられる、殺される」へと変わり、「嫉妬している、存在が消えてほしい、劣等感を持っている、嫌悪している」は、「嫉妬させられ、存在感を消され、劣等感を持たされ、嫌悪されている」（～させられている）という被害感を持つことになります。この被害感により、打ちのめされている場合もあれば、反撃、攻撃、復讐に出る場合もあります。

★まとめると、友だちが自分のことを嫌っているという場合、自分のなかの友だちに対する嫌悪感が先にあり、それをその友だちあるいは別の友だちに帰因・帰属させて、その友だちが自分を嫌っている、自分は嫌われているというように反転します。自分のなかからやってくる不快な気持ちから自分を守るためです。それが次第にたくさんの友だちが自分はいない方がいいとか、嫌っているなどと言ってきた場合、かなり多くの不快な感情がその子のなかに充満し、次々に他の友だちに自分の不快さを切り離して、帰因・帰属させていったものと考えられます。

主体性の回復

★B君は、学校で、自身の「主体性」が十分に発揮されていません。彼にとって、もっとも主体性の発揮できるところは、ゲームのなかです。ゲーム操作が上手になっていくにつれ、学校で発揮できていなかった主体性が輝きはじめました。

★通常の学校生活で発揮できない主体性の発揮場所がゲームのなかにあったのです。主体性を取り戻すかのようにゲームに没頭しています。プレイの楽しさのなかで、自信の回復、ストレスの解消、クールダウンなどが行われているように思われます。

★Ｂ君は自分より弱い子に指示する場面など、主体的になれる立場に置かれると、支配的、独占的、占有的になります。

★動画の視聴においても、上手に攻略している動画を見ることで、自分がそうなっているかのような感覚、また自分が行うゲームのなかでそのようになれる可能性に期待しながら閲覧しています。いずれの場合でも、自己の主体性の回復・発揮のための手段として動画の閲覧を利用しています。学校生活においてそれら主体性が回復・発揮できる機会があれば、ゲームや動画にそこまで没頭することはしないでしょう。

第5章　新たな学校生活

オンライン授業がもたらしたもの

★新型コロナウイルス感染症の拡大によって、仕事ではテレワーク、学校教育には「オンライン授業」が導入され、現在ではそれらが推奨されるまでになりました。

★1年前には誰にも予想できなかった新たな社会環境・教育環境の出現です。これは「傾向」を抱える児童・生徒にとっては、なおさら「教育を受ける権利」の実現に大きく貢献することとなりました。

「傾向」を抱え学校への登校をしぶるB君にとって、まず「集団登校」から解放されました。

★集合時間を気にする必要もなく、友だちに合わせて気を遣いながら歩く必要もなくなりました。上級生や下級生との関係もなくなりました。

★母親に付き添ってもらう必要もなくなり負い目も減りました。学校を見るだけで緊張することもなくなり、下駄箱のガヤガヤ感も聞かないですむようになりました。

★学校に行くことをしぶり、時々学校を欠席していたB君にとって、意欲にむらがある「傾向」をまったく気にする必要はなくなりました。B君にとって、学校、教室、授業、クラス、先生、友人に対するイメージが大きく変わりました。

★その一番の変化は、多くの問題が解決するというより問題自体が解消し、教育環境がB君のコントロール下に入ったのです。以前はあらゆることが選択できず、強要され、支配されていました。

★学校は通わされるところではなくなり、教室は座らされるところでもなくなりました。授業は、35人でいっしょに受けさせられるところでもなくなりました。

★先生は指示や注意する人でもなくなり、無理して友だちに合わせる必要からも解放されました。最も苦痛を伴っていたグループ学習も完全消滅し、学校生活で発生する心身の不快さから大抵が解放されました。登校のしぶり、不登校というもの自体が学校生活からもB君の心からも消え去ってしまいましました。

★授業はICTを駆使したものであり、教室という物理的な空間のなかで、過剰な刺激に翻弄されることもなくなりました。35人がざわつくクラスもなくなってしまいました。

★住み慣れた自宅で、一人で落ち着いて授業が受けられるのです。周りの騒がしさに影響されることなく、先生と一対一の環境に近い形で勉強ができるため、集中できる時間も以前よりは多少増えました。

★途中で集中できなくなった場合は、録画されWeb上にアップされた教科をゆっくり自分のペースで何度でも、理解できるまで再生できるようになりました。
★先生や友だちに対しても、自身の映像・音声の公開も選択できます。人前での苦手な発表を求められることもなくなりました。他の児童を意識する必要もないため、人に合わせることで疲弊していた気持ちも相当楽になりました。
★学校で使えなかったトイレ問題も解決しました。
★先生からの指示は、メールで来るため、聞き逃すこともなくなりました。オンライン授業によって、先生との関係も大きく変化しました。先生に指されたり、叱責されたりすることがなくなりました。
★音楽の歌のテストもなくなり、体育の実技試験もなくなり、みんなの前で走り方など、笑われることもなくなりました。
★記憶の定着が悪かったB君ですが、重要なことはメモや文章で送られてきます。
★授業中に答えをつぶやき、不評を買うこともなくなりました。前後、左右の友だちへのちょっかいもできなくなり、売り言葉に買い言葉の言い争いもなくなりました。友だちともけんかもなくなり、意地悪をされているという被害感もなくなりました。
★B君にとって、さらによかったことは学校行事がなくなったことです。そのための準備、練習、本番、振り返り（反省の時間）、これら一連の過程で生じてくる、強要された団体行動から解放されました。

★家庭においても、学校生活でのストレスが相当部分軽減されたことから、こだわりも減り、気持ちも安定してきています。「スイッチが入る」回数も激減しました。ゲーム時間が無限に延びコントロールできなくなるかと思い、保護者も心配しましたが、自ら規制し、選択していかないとあらゆることに歯止めがきかなくなる恐れに自ら気づき、保護者と繰り返し相談するようになりました。そして、B君のペース、時間、気持ち、体調（感覚）に合わせた無理のないオリジナルなスケジュールを作ることができるようになっていったのです。友人との外遊びも同様に時間を決めてより生き生きと生活できるようになりました。

★「傾向」に影響されることがなくなった学校生活、家庭生活により、性格や対人関係にも大きな変化が現れてきました。抜け出せなくなるこだわり、勝負へのこだわり、責任転嫁、言い訳、人への正論の強要、兄弟関係、疲れやすさなどがかなり緩和されました。

第6章　グローバル定義に沿ったスクールソーシャルワークの役割

ソーシャルワークのグローバル定義に沿って、スクールソーシャルワークの在り方を少し説明してみます（ここでは「スクールソーシャルワーカー活用事業」におけるスクールソーシャルワーカーではありません）。

※このグローバル定義は「各国および世界の各地域で展開してもよい」とされており、わが国においても複数の団体が「ソーシャルワーク」をわが国用にアレンジしています。

★スクールソーシャルワーカーは、自らが所属する学校を拠点に、その内外において、教育を受ける機会の確保、子どもの貧困を共通の生活課題として、先進国、開発途上国両者の「人権」の保障と「社会正義」の実現をめざして、社会的・構造的障壁の変革（「社会変革」）と「社会開発、社会的結束」、および児童・生徒等の「エンパワメントと解放」を促進する専門職です。

※先進国、開発途上国両国が各々に、そして相互に「社会正義、人権」、「社会変革、社会開発、社会的結束」が実践レベルにおいて行われることが大切です。

★スクールソーシャルワーカーが実践する大原則は、ソーシャルワークのグローバル定義にあるように、「社会正義、人権、集団的責任、および多様性尊重」です。スクールソーシャルワーカーは、「人間の内在的価値と尊厳」を尊重し、「人権」を保障し、「社会正義」を実現すべきという「動機」に動かされ、また学校および学校関連の生活課題における社会的・構造的障壁の変革（社会変革）の「必要性によって突き動かされて」実践を行う人です。

※スクールソーシャルワーカーの実践へのモチベーションは、開発途上国の子どもたちの「社会正義、人権」、その子どもが置かれた「社会的・構造的障壁への変革」にあります。そのモチベーションがなければスクールソーシャルワーカー自体、子どもたちにとっての社会的・構造的障壁そのものになる可能性がありますので注意が必要です。

★スクールソーシャルワーカーは、児童・生徒、その保護者、先生、地域の人々の「主体性」が社会的・構造的障壁を変革（社会変革）する【原動力】になることを理解し、「人権および経済的・環境的・社会的正義の増進」を図っていきます。

※スクールソーシャルワーカーにとって、様々な意味での「社会正義」に敏感で、国際社会において、特に開発途上国の子どもたちが置かれた現実の不正義を正そうとする強い正義感がなければ、単に「自国主義」、「国家主義的生存権」という「ミクロのなかのマクロ（お山の大将）」という近視眼的なものとなり、それ自体が社会的・構造的障壁として、子どもたちの前に立ちはだかるものとなるため注意が必要です。

★スクールソーシャルワーカーは、主として、学校および学校関連の生活課題に取り組み、児童・生徒の「ウェルビーイングを高めるように人々や様々な構造に働きき」かける人です。それは、『できる限り、児童生徒、その保護者、教職員の「ために」ではなく、児童生徒、その保護者、教職員と「ともに」働く』と考えていきます。

※学校関係者と「ともに働く」という視点でかかわるべきで、かわいそうな児童のためという上から目線にならないように注意が必要です。支援の目標とする「ウェルビーイング」（その人らしさ、自分らしさ）、働きかける「社会的・構造的障壁」、それらはスクールソーシャルワーカー自身にとっても現在進行形であり、それらがすでに実現され、変革された状態ではないからです。そこに向かって「ともに」働くものと考えます。

★学校の中で発生する社会的・構造的障壁は、児童・生徒等を「不平等・差別・搾取・周縁化・社会的排除・抑圧」していくため、スクールソーシャルワーカーは「人種・階級・言語・宗教・ジェンダー・障害・文化・性的指向などに基づく抑圧に対して、批判的意識を養い、行動戦略」を立て、児童・生徒等の「エンパワメントと解放」をめざします。

※児童・生徒のエンパワメントと解放をめざすにあたり、大多数の大人や子どもからは見えず、抑圧され排除された子どもたちからしかわからないものが多く、それにはしっかり傾聴し、潜在している障壁を発見し、除去することにスクールソーシャルワーカーは、全力を尽くし、同時に社会的な抑圧によってダメージを受けた考えや思いの回復をともに行います。

★スクールソーシャルワーカーは、児童・生徒等の「貧困を軽減」し、「脆弱」で社会的に「抑圧された」児童・生徒等を「解放し」、誰一人社会および学校社会から排除されることのない「社会的包摂と社会的結束を促進すべく努力」していきます。

※健常の子が多様性のある子をやさしく同じ仲間として包み込むという誤った・傲慢で、上から目線の包摂ではなく、誰もが差別や排除のない「ユニバーサルデザイン社会」、「インクルーシブ社会」から包摂されること、その社会のもとに、平等・対等な立場で人々がつながる（結束する）ことを意味しています。

★スクールソーシャルワークの「実践」は、「さまざまな形のセラピーやカウンセリング・グループワーク・コミュニティワーク、政策立案や分析、アドボカシーや政治的介入など、広範囲に及」びます。「解放を促進する観点」から、「抑圧的な権力や不正義の構造的原因と対決・挑戦し、人々の希望・自尊心・創造力の増大」をめざしています。

※スクールソーシャルワーカーは抑圧的な権力や不正義と戦うために、社会的・構造的障壁を生み出している中心に入り、政策立案や政治的介入が必要です。特に行政計画などの政策や施策の立案に深く関与しうる立場にあることも求められます。

★学校の関係者は、個人としての「責任」だけでなく、「集団としての責任」（集団的責任）もあります。スクールソーシャルワーカーは、関係者だけのウェルビーイングだけではなく、多くの人々の「ウェルビーイングに関心や責任」をもって、つまり連帯して、集団としての責任を果たすという意味で、集団内での結びつき（「社会的結束」）を図ります。

※集団としての責任を感じることなく、また果たそうとしないで、個人の権利を主張する「権利」は実現しないことを意味しています（グローバル定義によると「そして環境に対して責任をもつ限りにおいて、はじめて個人の権利が日常レベルで実現される」）。私たち日本や日本人の繁栄が、開発途上国の人々の犠牲の上に成り立ってきたこと（合法・不法を問わず、社会正義として）、日本に限らず、この先進国の集団的責任を果たす前に、つまり開発途上国への国際協力の責任や義務を遂行することなしに、今の私たちの個人の権利を主張する権利や資格があるのかを考えてみることが必要です。

★学校には特定の文化（多文化・異文化）を持つ児童生徒が多数存在します。それぞれに「文化的信念、価値、および伝統」があり、多様性は尊重されるべきですが、「状況によっては」、それらが「対立し、競合」する場合さえもあります。「基本的人権アプローチ」によって「教育」されたスクールソーシャルワーカーは、児童・生徒等の持つ「特定の文化」を深く理解した上で、その人々たちと「批判的で思慮深い対話を行うことを通して」、それら特定の文化よりも、基本的人権の保障を大切にしていきます。

※世界には、児童労働、児童婚、女性性器切除、児童の人身売買、児童の性的搾取など、宗教、民族的・文化的信念、価値観、伝統、習慣、風習などを理由に人権が侵害されている現実が存在します。場合によってはそれぞれの信念が主張され、対立を引き起こすこともありますが、まずは、基本的人権が第一に確保されることが共通

の認識として大切です。あらゆることが本人の自由意思により選択でき、決められるという基本的自由が尊重されるべきです。どのような考えや主張があろうとも、人からそのような「信念」の正当性をたてに、干渉・強要されたり、危害を加えられることのないよう、その人の意思が最大限尊重されることが必要であり、それを第一に考え、大原則に置こうとするやり方が「基本的人権アプローチ」です。

★スクールソーシャルワーカーが用いる理論は、「複数の学問分野をまたぎ、その境界を超えて」いきます。スクールソーシャルワークの研究と理論の独自性は、様々な学問を「応用」し、どのような学問であっても、抑圧の「解放」に役立つことが求められます。これら研究と理論は、スクールソーシャルワーカーと児童・生徒等との「双方向性のある対話的過程を通して共同でつくりあげられて」いきます。

『「科学」を「知」というそのもっとも基本的な意味で理解』し、スクールソーシャルワークの諸理論は、「西洋の諸理論だけではなく」、「諸民族固有の知にも拠って」います。スクールソーシャルワークは、「世界中の先住民たちの声に耳を傾け学ぶことによって、西洋の歴史的な科学的植民地主義と覇権を是正」していきます。よって、スクールソーシャルワークの「理論」は、「ソーシャルワークの理論、社会科学、人文学、および地域・民族固有の知を基盤」としています。

※ソーシャルワークという「学問」が他の学問と違うことは、あらゆる学問を応用し、最終的に、人々の抑圧の解放に役立つことが大前提です。研究のための研究ではありません。ソーシャルワーク分野でそれをしていたら

「研究的搾取」、「福祉を食い物にする」ことになってしまいます。論文、著書を発表しながら、国際社会に通用する「社会正義感」が滲んでこないようであれば、支配欲、独占欲などの強欲にまみれた「科学的植民地主義と覇権」です。

例えば、スクールソーシャルワーク分野を支配し、権力や権威を持ちたがり、スクールソーシャルワークにかかわる行政、大学関係、ワーカー、児童・生徒、保護者、教職員など、その分野に関するあらゆる人や資格、組織をサイエンスの名の下に植民地化し、そこから金銭など、様々なものを搾取する構造を作り上げることを意図的か無自覚的かによらずしてしまうのです。しかし、それはソーシャルワークにとって社会的・構造的障壁であり、ソーシャルワーカーによって「是正」されるべき対象なのです。

★スクールソーシャルワーカーによる「生物的・心理的・社会的・スピリチュアルなアセスメントと介入」によって、社会構造的開発・経済的開発（社会開発）の実現を促進していきます。

※私たち日本人にとっての「スピリチュアリティ」とは何か？　またそれにもとづく「スピリチュアルなアセスメントと介入」を「先住民・民族固有」の知（智恵）から導き出す時が来ているように思われます。

第７章　スクールソーシャルワーカーの今後のあり方（私案）
―国際協力オンライン交流授業の提案

私たちは、新型コロナウイルス感染症拡大予防のため、教育現場では学校への登校の自粛を余儀なくされ、当初やむなく、「オンライン授業」というものの導入を経験させられました。これは、それぞれの教育委員会や学校、教師が任意で行うものではなく、すべてではないものの公的な教育制度として、小・中・高校や大学等で実施され、現在も続いています。

その授業方法の導入は、少なくとも多くの児童・生徒や学生、特に長期欠席していたり、出欠が不安定、教室での授業になじめない、先生との相性が悪いなどの子どもの「教育を受ける機会」の拡大、あるいはその可能性に希望をもたらしたように著者は思っています。登校せず自宅で学校の授業が受けられることが、一時的かもしれませんが、「公に容認」されたのです。

この経験は、次の世代の教育の在り方に新しい道を開いたように思います。例えば、これも著者の私案ですが、特に小・中学校の義務教育で、学校、学級、教師、授業などが、一部であれ（あるいは全部であっても）、学期単位ぐらいで、自由に選択できるようになればよいかと思います。学区内であれば（本来は学区などなくてもよいのですが）、どの学校の、どの先生の、どの授業でも受けられる（出席扱いとなる）ようにできれば、多くの児童・生徒が救われます。さらに、児童・生徒にとって、授業はオンラインか、対面かを「選択」できればよいのではないかと思います。学校や教師側は、対面とオンラインをハイブリッド（同時並行的）に実施します。実技科目は、近くの集会施設などを利用（選択肢の一つとして）でき、学校に通えない子どもに細かく対応します。

義務教育であっても、児童・生徒やその保護者が、選べる教育委員会、選べる学校、選べる教師、選べる授業になればよいかと思われます。競争原理が働くことで、教育サービスの質の向上も期待できます。

また地域の方々が参加する「コミュニティスクール」もオンラインにおいて組織される（またオンラインだけでもよい）ことがより効果的かと思われます。

今まで、「教育を受ける機会や権利」が言われるなかで、なぜこのような「オンライン授業」が教育制度に取り入れられてこなかったのかが不思議なぐらいです。オンライン授業は、細かな問題点は多々あるように思いますが、運用的、技術的な改善によって、またちょっとしたアイデアや工夫で、徐々に制度化していけるものと思います。

ここまで見てきたようにオンライン授業の制度化は、スクールソーシャルワーカーにとっては、教育を受ける機会の拡大につながることから、積極的な導入を推進すべきです。

一方で、スクールソーシャルワーカーにとって、このオンライン授業の実施は、「グローバル定義」における「社会正義と人権」、「社会変革・社会開発・社会的結束」、「エンパワメントと解放」をより実現できるツールとして、利活用すべきでしょう。

現在のスクールソーシャルワーカー雇用の原資となっている「スクールソーシャルワーカー活用事業」においては、「いじめ、不登校、暴力行為、児童虐待など生徒指導上の課題に対応するため、社会福祉等の専門的な知識・技術を用いて、児童生徒の置かれた様々な環境に働き掛けて支援を行う、スクールソーシャルワーカーを教育委員会・学校等に配置し、教育相談体制を整備」するとなっており、以下の業務が求められています。

①問題を抱える児童・生徒が置かれた環境への働き掛け
②関係機関等とのネットワークの構築、連携・調整
③学校内におけるチーム体制の構築、支援
④保護者、教職員等に対する支援・相談・情報提供
⑤教職員等への研修活動

もちろん、国のお金を使って行われる補助事業ですから、業務内容は国から定められ、自由にソーシャルワーク実践が展開できるかと言えばそう簡単ではありません。ただ、「ソーシャルワーカー」と名を付けていれば、その役割の発揮は求められて当然です。

一方、「児童の権利に関する条約」の前文（再掲）には、「緊急事態及び武力紛争における女子及び児童の保護に関する宣言の規定を想起し、極めて困難な条件の下で生活している児童が世界のすべての国に存在すること、また、このような児童が特別の配慮を必要としていることを認め、児童の保護及び調和のとれた発達のために各人民の伝統及び文化的価値が有する重要性を十分に考慮し、あらゆる国特に開発途上国における児童の生活条件を改善するために国際協力が重要であることを認め」ることが規定されました。そして、その第29条（再掲）において、「児童の教育の指向すべき」こととして、「人権及び基本的自由」の尊重を「育成する」こととあります。「社会正義、人権、集団的責任、および多様性尊重の諸原理」を「ソーシャルワークの中核」（グローバル定義）と表明している以上、スクールソーシャルワーカーといえどそのソーシャルワーカーとしての役割を「児童の教育」（第29条）においても果たしていくべき、と考えられます。

開発途上国で貧困に苦しむ子どもたちのことにも配慮し、国際協力活動も視野に入れた活動に携わることができるスクールソーシャルワーカーであれば、多くの中・高・大学生の「社会正義」は発動され、子どものたちの置かれた環境改善や変革への必要性に突き動かされて、グローバルな思い、ローカルな実践（Think globally, Act locally）が行われるものと思います。

そこで著者は、「スクールソーシャルワーカーによるICTを活用した先進国（日本）、開発途上国両者（以下、両国と略す）のオンライン授業による学校間、あるいはクラス間の相互交流授業プログラム（以下「国際協力オンライン交流授業」と略す）」を提唱したいと思います。

スクールソーシャルワーカーは、自らが所属あるいは担当するどの学校、どのクラスでもよいのですが、ある開発途上国の、あるクラスとオンラインで、相互に授業へ児童・生徒が参加できる仕組みをつくります。例えば、英語や行事など、オンライン上の授業において、相互に交流・参加し合う機会を設定する役割を担います。これは学校に登校していない児童・生徒にも当然参加を促します。

この私案は、スクールソーシャルワーカー活用事業においては、「児童生徒が置かれた環境への働き掛け」としては、児童・生徒あるいは教職員の意識のなかの「人権及び基本的自由」、「社会正義や人権」の「育成」に貢献し、彼ら・彼女らが国際協力へと行動することも期待できます。これらが「育成され、実行される」ことこそ「児童の教育の指向すべきこと」（児童の権利に関する条約）です。この私案は同時に児童・生徒の置かれた「環境への働き掛け」であり、「社会正義や人権」が増進することで「いじめ、不登校、暴力行為、児童虐待など生徒指導上の課題」に根源的に対応するからです。また、その授業を媒介に、「学校内チーム体制」の強化、「保護者、教員への支援」、「教職員の研修活動」としても大いに役立ちます。何より児童・生徒、その保護者、教職員の「エンパワメント」と解放」をもっとも進展させるものと、著者は考えています。

要約すれば、スクールソーシャルワーカーが「国際協力オンライン交流授業」を実施することは、「人権」を保障し、「社会正義」を実現すべしという「動機」が発動される可能性を開示するからです。そしてそれは同時に、学校関連等の生活課題における社会的・構造的障壁の変革（「社会変革」）の「必要性」から「突き動かされ」、児童・生徒、教員等の「エンパワメントと解放」を促進していきます。具体的には次のような趣旨と効果が期待できそうです。

「国際協力オンライン交流授業」の実施

「人権および経済的・環境的・社会的正義」の増進

★「国際協力オンライン交流授業」は、先進国（日本）と開発途上国の児童・生徒の交流授業です。学校や学級、授業、行事など学校生活全般について交流が行われます。両者の相互交流は、社会的・構造的障壁を児童・生徒、教員の目を通して浮かび上がらせ、両者の社会変革を各自が、また相互に導き、「人権および経済的・環境的・社会的正義の増進」が図られます。

★児童・生徒が、豊かさ、貧しさのなかでともに押しつぶされていること、「過度に競争的」な学校生活の幸福度合いの振り返り、また教育を受ける権利は、衣食住などの生存権（脳の健全な発達）の確保の上に成立すること、などを通して、「人権および経済的・環境的・社会的正義」、「社会構造的開発や経済的開発（社会開発）のあり方」が問いかけられます。

「社会的結束」の実現

★「国際協力オンライン交流授業」は、学校・授業を媒介とした先進国と開発途上国、両国の子どもたちを主体とする学校関係者の「社会的結束①」を促進します。また先進国の教育を受ける機会、生存権の確保の現状を参考（モデル的）に、開発途上国の子どもたちを主体とする学校関係者の「社会的結束②」を促進させます。開発途上国の子どもたちの「社会正義や人権」の確保やその実現に協力しようとする先進国の子どもたちを主体とする学校関係者の「社会的結束③」を促進します。

多様性の尊重

★「国際協力オンライン交流授業」は、「人種・階級・言語・宗教・ジェンダー・障害・文化・性的指向」などの多様性に触れる機会が確保されます。それらを理解し、尊重する契機となります。画面越しではありますが、互いの様子を自分の目で見て、声を聞いて、学び・遊び合う体験が可能です。これらの授業が、制度化された学校教育のなかで実施されることで、公教育に「児童の権利に関する条約」の精神が実質的に取り入れられ、「教育の指向すべき」方向を正しく導くように思われます。

集団的責任の意識の醸成

★「国際協力オンライン交流授業」では、児童・生徒等は、両者それぞれの「貧困」を軽減するとともに、先進国側の「集団的責任」により、開発途上国の環境問題解決の責任を意識し、あるいは国際協力の義務があることなどを理解し合います。また、社会的に抑圧された子どもたちが誰一人、学校や教育を受ける機会から排除されることのない「社会的包摂と社会的結束を促進すべく努力」していくことにつながっていく可能性を開きます。

「危害を加えないこと」

★「国際協力オンライン交流授業」は、多くの「文化的信念、価値、伝統」に触れ合います。画面越しであっても「対立」すること、「価値観を押しつけ合う」こと、自分たちが育った環境において当たり前だった「文化や習慣を強要」すること、時に「排除」することがあるかもしれません。子どもたち同士が互いの文化的信念等について対話する機会を確保することで、互いに危害を加えずに、普遍性を持つ「人権」や「多様性を尊重すること」の大切さを理解し合う場となっていきます。

「先住民、諸民族固有」の智恵

★「国際協力オンライン交流授業」は、両者の「先住民たちの声」や「諸民族固有の知」に触れ、「スピリチュアル」で「不思議な体験」をする機会となる可能性もあるのです。つまり「地域・民族固有の知」は、「科学に対して計り知れない貢献」、例えばある種の霊的なインスピレーションを人々、科学者に与えていた可能性もあるのです。

マザーテレサやヘレンケラーが、「霊の領域」から働きかけられていたように。

最終章　わが国におけるスクールソーシャルワーカーの今後と課題

　わが国におけるスクールソーシャルワーカーの仕事は、ニーズを持つ児童・生徒の側からしか見えない生活課題の相談に応じます。一見すると個人のわがままのように見える場合もありますが、即断せず、社会的・構造的障壁による生活課題（困難）である可能性を常に考え、徹底的にアセスメントを行います。個人的問題に潜在する社会的・構造的障壁を突き止め、その障壁を取り除くとともに構造の変革に挑戦し、合理的配慮を行います。

　判断や気持ちが歪んでいると思われる場合もありますが、それを単に心的問題として調整するのではなく、必ず社会的・構造的障壁との関係で是正します。働きかける方向はいつも社会的・構造的障壁の変革であって、その除去等による介入によって、抑圧された意識の回復を図ります。意識は必ず「何かに対しての意識」である以上、児童・生徒の困難は、社会的・構造的障壁に対しての意識（思考、感情等）であり、「社会的意識」でもあります。社会的・構造的障壁との関係で捉える社会的意識に働きかけるということは、まず第一に社会への働きかけです（ソーシャルアクション）。その児童・生徒を取り巻く国際社会、日本社会、地域社会、学校社会へのそれぞれの社会的・経済的・政治的介入です。これらの介入は同時一体的です（国際社会・日本社会への介入は前記「国際協力オンライン交流授業」という私案で提唱してきました）。

スクールソーシャルワーカーの地域社会や学校社会への介入においては、「社会資源の活用と開発」です。スクールソーシャルワーカーが、真の力を発揮する「介入」です。子どもに発達上の課題が発見され、医療機関を受診したり、自治体のサービスを利用する場合を例に取ります。地域に存在する病院や診療所などのリスト、自治体の保健福祉サービスの冊子などを保護者等に手渡すだけのワーカーがいます。そうではなくて、医療機関につなげる場合、どの医療機関の、どのような医師がいて、その医師の専門性や見立ての仕方、経歴、人柄などが把握されており、さらに関係がつくられていることは大前提です。その上での「つなぎ」がなされるということです。単なる紹介は「つなぎ」ではありません。リストを渡すだけなら誰でもできます。

次に、最大に専門性が発揮されるのは「社会資源の開発」です。児童・生徒の多くは医療機関を受診して症状が多少緩和されたとしても、学校に行けなかったり、勉強に向かえなかったり、学級に入れなかったり、友だちと会えなかったりします。定期的な医療受診や福祉サービスを利用していても、それはほんの生活のなかの一部を支援しているだけです。生活の全体性が支援されるためには、不登校状態となっている児童・生徒には、日常的にその子に合った、あるいは合わせた居場所や教育が提供される環境、あたたかい対人関係が必要です。それは既存の社会資源の活用ではほとんど適合できない場合があります。そのときこそ、スクールソーシャルワーカーの実力が試されます。迅速に効率よくその子らしさを尊重した社会資源がオーダーメードで用意できる、つまり迅速に開発・創造できるということが専門性の「ど真ん中」です。これを進展させられないなら、スクールソーシャルワーカーではないとまで言っても過言ではないように思います。

例えば、不登校の子に対して、近くの自治会で管理している集会施設を無料で借りて、大学生のボランティアに来てもらい、遊び相手、勉強相手などの支援が即座に組み立てられることなどです。もし、そのような組み立ての発想さえできないようであれば、到底専門家とは言えません。そここそがどの専門職にもまねできない実践であり、そのノウハウの蓄積から導き出されるものが、スクールソーシャルワークの知識（理論）と技術です。それが、専門中の専門なのです。

また、これも私見ですが、スクールソーシャルワーカーは社会福祉協議会に所属し、社協のCSW（コミュニティソーシャルワーカー）として、学校に派遣された方がよいと思うことが多くありました（学校に派遣あるいは常駐するCSW＝SSW）。学校は児童・生徒が卒業してしまうと関係が途端に途切れ、児童・生徒への支援は、小学校から中学校、中学校から高校、高校から大学など、同じ学区、地域にあっても実はそれほどシームレスではありません。連続性がないのです。CSWであれば、その地域に暮らしてれば、仮に社会人となっても、常に対象として常時の見守りも可能となります。またCSWは、「制度の狭間」を専門に扱うソーシャルワーカーです。不登校や発達障害などを抱える児童・生徒の大半は、有効に使える法定サービスは少なく、一人で長期間自宅に居ることを余儀なくされています。その間、対人関係スキルのトレーニングも受けられないまま、所属する学校から孤立し、家族との会話もほとんどなく、オンラインで友だちとゲームだけやっているだけという状態がよく見受けられます。また、そのような家庭は複雑で複合的な課題を抱えていることも多いことから、十数年という長期にわたって世帯単位の支援が求められる場合もあるのです。教育委員会などのもとに配属されているより、社協のような民間の社会福祉法人に所属している方がよりフットワークも軽くなるように思われます。しかしそこには制度上の壁があります。これも社会的・構造的障壁のひとつではないかと思われます。文科省管轄のスクールソーシャルワーカー活用事業で確保されている費用を、厚労省管轄の社会福祉法人への移管などは実現不可能なことではあります。そもそもソーシャルワークそのものが、その源流からして民間発であり、何ら特定の国等の公的支配を受けないポジションにあります。つまり、わが国で制度化されている国家資格である「社会福祉士」ともまた性格が違うのです。むしろ社会福祉士の倫理綱領は、ソーシャルワークのグローバル定義を拠り所としているのです。

よってソーシャルワーカー同様、スクールソーシャルワーカーにおいても、この「定義に表現された価値や原則を守り、高め、実現」し、これらの「価値やビジョンに積極的に関与する」人なのです。

おわりに

「人のため社会のため」に行うのは、何のためなのか？ そして、それは本当に正しいのか

今からおよそ20年前の２００１年、アメリカでリドリー・スコット監督の『ブラックフォークダウン』（マーク・ボウデン原作、１９９９年）』という映画が公開されました。

１９９３年10月３日から翌朝の４日まで、ソマリアの首都モガディシオで起こった米軍とソマリア民兵の市街戦を描いた映画です。実際、当初30分で終了する予定だった米軍の特殊任務は、十数時間に及ぶ激しい戦闘へと発展し、結果的に軍用ヘリコプター「ブラックフォーク」が２機撃墜され、米兵19人、ソマリア民兵１０００人以上が亡くなりました。殺害された米兵の足にひもを付け、市内を引きずり回す映像が世界に配信されるなど、この戦闘をきっかけに米国（当時の大統領、ビル・クリントン）はソマリアからの撤退を余儀なくされました。この戦闘のちょうど一ヶ月前、私はまさに「そこ」にいました。国連軍（米軍中心）の介入前、只中、介入後をこの目で見届けたかったので

す。『ブラックフォークダウン』は、国連介入の只中で発生した戦闘であり、また国連が中心となり、平和を再建できるかどうかを占う試金石の時期を描いた映画だったのです。

一方、2004年、8月、ストリートチルドレンを支援するNGO職員、フリージャーナリスト、フリーライターの3人、そしてその年の10月にはひとりの青年が、それぞれ、イラクで武装テロ集団に拉致され、人質となりました。いずれも日本人で、同国政府に対し自衛隊の撤退を要求しました。3人は無事解放されましたが、ひとりの青年は殺害されてしまいました。彼らのとった活動や行動に対し、日本中でバッシングの嵐が吹き荒れ、自己責任が取り沙汰されました。総理大臣（当時、小泉純一郎）をはじめ、与野党の政治家、大手マスコミ、学者、有識者、市民運動家、週刊誌、一般の国民は、こぞって彼らを非難しました。日本政府の発する退避勧告（危険度レベル最高）を無視した行動で、軽率で無謀、人騒がせ、税金の無駄使いなどと言われました。殺害された青年までも傷つけられました。しかし、当時アメリカの国務長官コリン・パウエル氏は、「誰かが危険を引き受けようとしなかったら、私たちの世界を前進させることはなくなるでしょう。日本人が、より偉大な善のため、より崇高な目的のために、自己を危険にさらしたことは嬉しいことです。日本人は、そのようなことを進んで引き受けた市民を持っていることを大いに誇りに思うべきです」とTVで発言しました。当時イタリア人ボランティアやフランス人ジャーナリストが拘束され、解放された時には、その国の首相や大統領が彼らを自国の空港で出迎え、歓迎しました。日本に吹き荒れた自己責任というバッシングは、世界の反応とは真逆でした。世界からはむしろ日本の政治家やマスコミの姿勢が嘲笑され、批判されました。**国内では、非難の嵐にさらされる行為、他国では首相が出迎えに値する行為、同じ行為に対する正反対の価値観として分かれてくるのは、いったいどういうことでしょうか。**

危険を冒すことに加え、政府から避難勧告が出ているか、出ていないかがことを大きく左右しています。それは避難勧告が出ているにもかかわらず、危険を冒すことは、どうなのかということです。わが国においては、政府の勧告に従わない悪い行いです。「何かあったら自己責任だけでは済まなくなる。その責任は自分の力ではとれないでしょう。国として邦人を保護する義務が生じるため、放っておくことはできません。軽率な行動を起こした人の尻拭いまでさせられ、救出のために多額の費用がかかります。それは税金が使われるのだから、日本人の多くが迷惑を被ります。だから絶対それはだめだ」という論調です。しかし、ここが欧米の価値観とは非常に異なります。パウエル氏は、身を挺してリスクを引き受けること（危険を冒すこと）は、「より偉大な善のため」、「より崇高な目的のため」であると言っています。そしてそれが「世界を前進させる」と。つまり、それらの行為を評価する次元がもともと違います。私たちは「無謀、軽率な行為」と評価し、パウエル氏は「偉大な善、崇高な目的のため」の行為と捉えています。活動や行為はその目的を実現させる手段であり、**その目的は「偉大な善や崇高さのため」です。**私たちにとっては、その行為の目的は、**「人のため社会のため」**と言うかもしれません。例えば、なぜ路上生活児童の生活を改善するのか、なぜ飢餓の実態を発信するための取材をするのか、と聞かれたら、パウエル氏ならば、それを「より偉大な善、より崇高な目的」のためと答え、私たちなら「人のため社会のため」と答えるかもしれません。目的の方向は、偉大な善や崇高さといういわば「人間を超えていく方向」、そして人や社会というあくまで「人間そのものに向かう方向」と、そのベクトルはまったく異なっています。今、私たちに問われているのは、国際貢献や社会貢献は何のために行うのか？　リスクを引き受けてまで、自己責任で行う貢献の動機は何なのか？　その意味です。私たちはあくまでこれを人や社会の内側に見出そうとし、欧米では人間を超えていく方向を見ています。一種、偉大な善や崇高さという人間を超えた宗教的なものを見ている人間観や世界観の方があたたかく寛容で、勇気づけられるものです。

わが国において、**自己責任でリスクを引き受ける覚悟があるにもかかわらず、政府が出す勧告や指示に従うことは「真に正しいことなのでしょうか？」**。日本政府や日本人の考え方に疑問を持つことも必要でしょう。リスクの発生する事態において、危険を冒してまで（リスクを引き受けてまで）、行かなければ、世界の前進はない、換言すれば、政府の認識や世間の常識的な判断に従ってばかりでは、「世界の前進」は望めない場合もあるということです。そして**「人や社会のため」だけに行うことは本当に正しいことなのでしょうか**、この疑問を常に持って諸活動を行う必要があるのではないかと思います。何かしらのリスクの発生が予見できる諸活動おいて、そのリスクを冒してまで行動する意味とは、**「人のため社会のため」というバッシングを生み出す矮小な目的ではなく、その活動のさ**

らに先にある目的（パウエル氏の言葉を借りれば「より偉大な善」、「より崇高な目的」）をめざすことによって、「世界」（社会）を発展、進歩させうること、つまり、それこそが「真の社会貢献」への道ではないかと、私は確信しています。

最後になりますが、これからスクールソーシャルワーカーになろうとする高校生、大学生のみなさんは「人のため社会のため」のその先を見据え、「社会正義と人権」の「普遍性」から動機づけられ、またそれらを原動力とし、一見、わがままと思われがちな子どもたちの声が指し示す社会的・構造的障壁を見つけ出し、それらを除去し、子どもたちのエンパワメントと解放を促進する専門職になっていただきたいと思います。

（初出：東北公益文科大学総合研究論集　第31号　巻頭言を加筆・修正）

著者紹介

佐野　治（さの　おさむ）、1960年静岡県生まれ　愛知県日進市在住

大谷大学文学部仏教学科（インド学専攻、中退）、愛知大学文学部哲学科（西洋哲学専攻、卒業）、東北福祉大学大学院（社会福祉学専攻、修了）
青森中央短期大学、秋田福祉専門学校、東北福祉大学、愛知県立大学、東北公益文科大学を経て、現在、福井県立大学社会福祉学科（教授）

◆インド体験、マザーテレサとの出会いをきっかけに福祉の道を志す。大学院在学中よりNGOを創設・代表として東南アジア、アフリカにおいて国際協力活動（スラムの保育施設、難民キャンプ内の病院建設）を展開する。
◆福祉の行政計画にも多数かかわる。地域福祉計画、障害者計画、障害福祉計画、障害児計画では、調査から施策の立案、執筆に至るまで深く参画した。
◆ソーシャルワーク実践では、子ども家庭相談員（大学付属）、地域子育て支援センター相談員（保育所付属）、統括生活相談員（特別養護老人ホーム）、学生相談室（室長）、介護保険部署相談員（自治体）、スクールカウンセラー等の経験を持ち、現在においても多数のケースを担当している。

グローバル定義にもとづくスクールソーシャルワーク入門
―スクールソーシャルワーカーをめざす高校生・大学生のみなさんへ―

発　行　日――2021年3月20日　初版第1刷発行

著　　者――佐野　治
発　行　者――竹鼻　均之
発　行　所――株式会社 みらい
〒500-8137　岐阜市東興町40番地　第五澤田ビル
TEL　058（247）1227㈹
FAX　058（247）1218
http://www.mirai-inc.jp/
印刷・製本――㈱太洋社

ISBN978-4-86015-550-6 C3036